Mary Queen
Jacob Abbott

玛丽女王
苏格兰内乱与英格兰王位继承战争
全景插图版

［美］雅各布·阿伯特 著

张稚敏 译

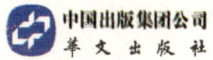

图书在版编目（CIP）数据

玛丽女王 / (美) 雅各布·阿伯特著；张稚敏译
. -- 北京 : 华文出版社, 2018.7
（美国国家图书馆珍藏名传）
ISBN 978-7-5075-4772-6

Ⅰ.①玛… Ⅱ.①雅… ②张… Ⅲ.①斯图亚特(Stuart, Maria 1542-1587)—传记 Ⅳ.①K835.617=331

中国版本图书馆CIP数据核字(2018)第142159号

玛丽女王

作　　者：	[美] 雅各布·阿伯特
译　　者：	张稚敏
选题策划：	盛世韬韬
插图供应：	029—85504182
责任编辑：	胡慧华
出版发行：	华文出版社
社　　址：	北京市西城区广外大街305号8区2号楼
邮政编码：	100055
网　　址：	http://www.hwcbs.com.cn
电　　话：	总编室010—58336239　发行部010—58336267
	责任编辑010—58336197
经　　销：	新华书店
印　　刷：	北京画中画印刷有限公司
开　　本：	880×1230　1/32
印　　张：	9.125
字　　数：	168千字
版　　次：	2018年8月第1版
印　　次：	2018年8月第1次印刷
标准书号：	ISBN 978-7-5075-4772-6
定　　价：	46.00元

版权所有　侵权必究

出版说明

《美国国家图书馆珍藏名传》共 22 册，作者是美国著名历史学家、教育家雅各布·阿伯特。他以独特的视角研究公元前 7 世纪到公元 18 世纪 2500 年的世界史，最后写出了这套影响深远的人物传记。读者能通过阅读这些风云人物，更好地理解那段历史、那段时光，这是我们出版这套书的最大良善。为更好地使读者全面了解该丛书，现作如下说明：

一、关于版本。据不完全统计，这套丛书的英文版多达上百个。其中，以哈伯兄弟出版公司于 1904 年出版的版本最具代表性和权威性。本丛书正是根据该版翻译而成，以保证版本的质量。

二、关于插图。这些人物距现代已经很久远了。读者可能会问：他们长什么样子？穿什么衣服？仗是如何打的？外交是如何谈的……为了让读者更形象地了解当时的历史，我们精心为各书选配了约百幅插图。这些插图包括但不限于油画和版画。我们希望，通过品味插图的艺术之美，读者获得一种不是穿越胜似穿越的强烈体验，从而更好地对当时的风土人情有更直观的体察。

三、关于注释。为了确保内容的正确性、权威性，版权方进行了大量的考证工作。考证的结果以注释的形式体现。另外，内文中很多涉及地图的地方，我们尽量尊重作者，尊重历史，保存原貌，如有出入，请读者认真分辨。

四、关于译者。本丛书由多所大学的一线英语老师翻译而成。各位老师治学严谨，文笔优美，为确保丛书的质量奉献良多。在此，深表敬意。

尽管出版前我们做了许多工作，但不足之处实难避免，欢迎读者朋友多提宝贵意见。

译者序

　　1542年12月8日，玛丽·斯图亚特出生于苏格兰林利斯戈宫，出生后仅六天，就即位为女王，成为王座之上睥睨众生的君主，也成为欧洲各个王室争相联姻的焦点。五岁零八个月时他被送往法国，16岁时嫁给法国王储弗朗索瓦。两年后弗朗索瓦即位，玛丽成为法国王后。同年丈夫病逝，第二年玛丽返回苏格兰主政。后来，玛丽女王又经历了两次婚姻。达恩利勋爵谋杀一案发生后，苏格兰贵族废黜了她。逃往英格兰求助时，她却被伊丽莎白女王幽禁了近二十年，直至以反叛君主罪被推上断头台。

　　玛丽女王对英格兰王位的主张直接招来了伊丽莎白女王的忌恨，成为酿成悲剧的主因。伊丽莎白女王的父亲亨利八世曾宣布他与安妮·博林的婚姻无效，并通过议会做出决议，宣布伊丽莎白为非婚生女。显然，伊丽莎白无权继承王位，而有权继承王位的是玛丽女王，因为玛丽女王是英王亨利七世的曾外孙女。最终，玛丽女王不容于伊丽莎白女王。一代红颜，从此殒命。

欲戴王冠，必承其重。璀璨的王冠之下，除了无上的权力和无尽的荣耀，还有刀光剑影和阴谋诡计。历史往往具有永不衰竭的神秘的魅力，玛丽女王的人生悲剧就拥有这种魅力。在世界史上，大概没有一个女人像她那样出现在如此多的文学作品中。从茨威格的《断头女王》到英剧《风中的女王》，数百年来，她一再吸引作家去描写她，吸引学者去研究她，而她的形象也一直以不减当年的力量，敦促后人不断进行新的创作，做出新的解读。

原 序

当某个历史人物因某些原因而举世瞩目后,历史学家们往往会从不同角度、用不同形式向公众展现这个人物的生平。但在阅读他们的作品时,读者们常常困惑不已,明明是同一个人、同一件事,为何他们的描述却如此不同呢?这是因为不同的读者有不同的需求,而这些历史作品都是针对某一特定的读者群体而编撰的。

在两千万美国人民中,十五岁到二十五岁的青年人大约有两百万,他们渴望了解古代的历史大事。可是,涉世未深的他们却不知道,他们所处的时代与他们所想了解的时代大不相同,思想与观念都发生了巨大变化。因此,如果仅仅编纂、出版现存史料的话,我们是无法满足他们的阅读需求的。而且,在生活环境、思想观念和阅读目标上,这一特定读者群与历史学家们的目标读者也不尽相同,在向他们讲述历史故事时,我们必须做出合理的取舍,把故事讲精彩,把解释说明白,把观点表达清楚。因此,为了满足这些特殊读者的特别需求,我专门编撰了这套历史传记丛书。在编撰本套丛书时,我以上述标准严格要求自己,详细地了解了我的目标读者们的情况与人文诉求,希望我的作品能够满足他们的阅读需求。

目 录

第一章 玛丽女王的童年 …………………………………… 001

林利斯戈宫——玛丽女王的诞生地——林利斯戈宫的位置——广场、喷泉和拱门——宫殿毁于战火——玛丽女王的母亲——毁掉宫殿的大火——凄清的房间——心中戚戚的游客——满目萧然——詹姆斯五世——与亨利八世的战争——詹姆斯五世驾崩——孤儿玛丽——苏格兰女王——摄政大臣——天主教与新教——教堂的不同——宗教仪式的不同——教皇——苏格兰的信仰状况——摄政大臣的人选——阿伦伯爵汉密尔顿——一些人的担心——阿伦伯爵汉密尔顿成为摄政大臣——战争结束——亨利八世的新想法——玛丽女王的健康状况——珍妮特·辛克莱——亨利八世的诚意——联姻的阻力——亨利八世的无理要求——苏格兰人的反对——亨利八世让步——联姻条约——无忧无虑的玛丽女王——兽穴与狮子——斯特灵城堡——玛丽女王加冕——斯特灵城堡的位置——加冕典礼——苏格兰的内部矛盾——苏格兰高地——英奇玛霍姆岛——四个玛丽——玛丽女王在岛上的生活——再起争端——苏格兰想解除联姻——勃然大怒的亨利八世——亨利八世驾崩——英格兰出兵——爱丁堡之战——同仇敌忾的苏格兰人——苏格兰向法国求助——苏格兰人的条件——法王出兵——苏格兰人的决定——敦巴顿城堡——城堡的作用——玛丽女王离开苏格兰

第二章 玛丽女王在法国接受的教育 …………………………………… 029

国王与王后的地位——舰队驶入海洋——暴风雨——提心吊胆的众人——有惊无险的航行——抵达法国——布雷斯特——法王亨利二世的准备——大赦——圣日尔曼宫——盛大的欢迎仪式——法王亨利二世的目的——接受教育——修道院——玛丽女王与修女们的友谊——玛丽女王的想法——快乐的修道院生活——法王亨利二世和贵族们的反对——身不由己的玛丽女王——宫廷生活与教育——玛丽女王的母亲来法国探望她——法王亨利二世和玛丽女王前去迎接——鲁昂——激动的泪水——玛丽女王的外祖母——一年时光——爱德华六世旧事重提——玛丽女王母亲的答复——詹姆斯·梅尔维尔爵士——玛丽女王的绅士侍从官——各种娱乐和消遣活动——一次惊险的狩猎活动——玛丽女王受到的限制——玛丽女王与凯瑟琳王后的关系恶化——玛丽女王对凯瑟琳王后的崇拜——刺绣——模拟对象——对话——凯瑟琳王后的特点——玛丽女王无意冒犯了凯瑟琳王后——家世传承——玛丽女王家族的悠久历史——法国王子弗朗索瓦——"多芬"——相互喜欢的两人——越来越漂亮的玛丽女王——天使——玛丽女王皈依天主教——虔诚的玛丽女王

第三章　｜　盛大的婚礼 ………………………… 051

　　玛丽女王十五岁了——法王亨利二世想让玛丽女王尽快完婚——联姻的反对者——苏格兰新教徒的顾虑——毒杀玛丽女王的计划——斯图尔特——法王亨利二世的命令——严刑拷打——未解之谜——历史学家们的推测——法国贵族的顾虑——吉斯家族——凯瑟琳王后的反对——潜在的竞争对手——法王亨利二世的考虑——婚姻财产契约——婚姻特别委员会——苏格兰政府的叮嘱——苏格兰和法国达成的共识——法王亨利二世与玛丽女王的秘密条约——玛丽女王在法国的花费——订婚仪式与正式的婚礼——卢浮宫——卢浮宫的位置——卢浮宫外的场景——巴黎圣母院——巨大的圆形剧场——新郎新娘齐聚主教的住所——通往巴黎圣母院的长廊——婚礼队伍——倾国倾城的玛丽女王——玛丽女王身后的凯瑟琳王后——国王的慷慨恩赐——混乱——巴黎圣母院中的弥撒——舞会——拥挤的大街——持续的庆典——骑射对抗竞赛——弗朗索瓦王子——玛丽女王对丈夫的爱——年轻夫妇的蜜月——玛丽女王最自由的日子——苏格兰的庆祝——大礼炮

| 第四章 | 遭逢不幸 · 069 |

又一次盛大的婚礼——竞赛的参与者——忘乎所以的法王亨利二世——蒙哥马利——凯瑟琳王后的劝说——一意孤行的法王亨利二世——奉命行事的蒙哥马利——法王亨利二世受伤——驾崩——最令人悲哀的事情——前往卢浮宫——巡游与谣言——苏格兰的情况——三方角逐的战场——苏格兰内战——玛丽女王的母亲薨逝——玛丽女王母亲的遗言——法王弗朗索瓦二世驾崩——悲痛的玛丽女王——高兴的凯瑟琳王太后——玛丽女王离开巴黎——苏格兰人希望玛丽女王回归——凯瑟琳王后的嫉妒——玛丽女王的想法——法国和苏格兰的不同——玛丽女王在法国的生活——玛丽女王决定回到苏格兰——玛丽女王去见自己的外祖母——玛丽女王重返巴黎——凯瑟琳王太后的刁难——伊丽莎白女王带来的压力——玛丽女王和伊丽莎白女王的不同——伊丽莎白女王对玛丽女王的防备——玛丽女王的英格兰王位继承权——伊丽莎白女王的情况——法王亨利二世的做法——伊丽莎白女王的决心——伊丽莎白女王担忧的道理——英格兰国内的天主教势力——爱丁堡条约——玛丽女王拒绝签字——伊丽莎白女王的答复——玛丽女王的倾诉——英格兰王位继承权——玛丽女王的觉悟——玛丽女王关于信仰的答复

| 第五章 | 回到苏格兰 · 097 |

英格兰海军强大的原因之一——伊丽莎白女王的打算和担忧——伊丽莎白女王命人试探凯瑟琳王太后的态度——凯瑟琳王太后的答复——伊丽莎白女王的计划——英格兰海军集结——玛丽女王的感慨——思罗克莫顿给伊丽莎白女王的报告——凯瑟琳王太后给玛丽女王送行——浩浩荡荡的送行队伍——离别的时刻——玛丽女王的追随者们——不幸与阴影——再见,我亲爱的法国——一帆风顺的航行——大雾的掩护——暗礁遍布的危险海域——玛丽女王回到苏格兰——利思港登陆——热情的爱丁堡民众——苏格兰人的欢迎仪式——玛丽女王的感觉——身穿黑色礼服的玛丽女王——玛丽女王同父异母的哥哥詹姆斯

勋爵——天主教的特定仪式——最后的晚餐——耶稣的话——天主教徒们的观点——面包的神奇变化——新教徒们的弥撒——新教徒眼中的献祭仪式——苏格兰境内的激烈对抗——新教徒们反对天主教仪式——恪守承诺的玛丽女王——玛丽女王的决心——新教徒们的反对措施——死亡威胁——荷里路德宫外的新教徒们——当机立断的詹姆斯勋爵——玛丽女王做完弥撒——离她而去的法国人——反对英格兰的玛丽女王——约翰·诺克斯觐见玛丽女王——不可控制的力量——两位玛丽小姐嫁人——伊丽莎白女王的问候信——伊丽莎白女王的狡辩——玛丽女王的礼貌回复

第六章　玛丽女王和达恩利勋爵 ……………………… 119

苏格兰的风雨——莫里伯爵——抗命不遵的贵族——玛丽女王的征讨——玛丽女王的责任——勤政的玛丽女王——与贵族同乐——与日俱增的影响力——玛丽女王的独特魅力——法国人夏特拉尔——胆大妄为的夏特拉尔——玛丽女王的禁令——夏特拉尔尾随玛丽女王进入她的卧室——勃然大怒的玛丽女王——夏特拉尔之死——伊丽莎白女王的担心——伊丽莎白女王的考虑——玛丽女王面临的难题——一种相对简单的方式——教皇的特别豁免——玛丽女王的其他追求者——前往英格兰——措辞严厉的回信——詹姆斯·梅尔维尔的解释——詹伊丽莎白女王的催促与拖延——达恩利勋爵无法离开英格兰——玛丽女王致信伊丽莎白女王——历史学家们的观点——最大的受益者达恩利勋爵——威姆斯城堡——玛丽女王非常满意达恩利勋爵——坠入爱河的玛丽女王——达恩利勋爵的求婚——玛丽女王的拒绝——勃然大怒的伊丽莎白女王——伊丽莎白女王的命令——莫里伯爵反对联姻——被爱情冲昏了头脑的玛丽女王——兵谏的计划——玛丽女王得知他们的阴谋——不幸的婚后生活——玛丽女王的隐忍——苏格兰内部的叛乱——玛丽女王赢得最后的胜利——逃亡英格兰的叛乱者——伊丽莎白的要求——消失的爱情

第七章　大卫·里奇奥 ……………………………… 149

大卫·里奇奥——萨伏依公国——盛大的仪式——萨伏依大使访问苏格兰——随行人员——大卫·里奇奥其人——成为玛丽女王的近臣——容易遭人忌恨的近臣——令苏格兰贵族生气的事——詹姆斯·梅尔维尔的建议——贵族不平衡的原因——詹姆斯·梅尔维尔的经历——大卫·里奇奥的谢意——玛丽女王的反应——苏格兰贵族们的攻击——教皇的密使——大卫·里奇奥的反应——玛丽女王的保护措施——大权在握的大卫·里奇奥——大卫·里奇奥的转变——暗流涌动——玛丽女王本人的意愿——大卫·里奇奥的行为——达恩利勋爵忽视的事情——关于玛丽女王不忠的谣言——除掉大卫·里奇奥的秘密计划——五百人的追随者——莫顿的作用——玛丽女王的房间——玛丽女王的晚餐——鲁斯温等人开始行动——病体与盔甲——发现不对的玛丽女王——为时已晚——鲁斯温等人的狡辩——玛丽女王的话——达恩利勋爵的回答——玛丽女王被软禁——鲁斯温大权在握——玛丽女王向詹姆斯·梅尔维尔求助——远离爱丁堡的城堡——玛丽女王的赦免令——鲁斯温败亡——玛丽女王回到爱丁堡——詹姆斯六世出生——英王詹姆斯一世

第八章　博思韦尔伯爵 ……………………… 169

对玛丽女王非常重要的几个人——博思韦尔伯爵其人——博思韦尔伯爵在苏格兰的沉浮——玛丽女王的儿子——两个国家的王位继承权——高兴的苏格兰民众——假装高兴的伊丽莎白女王——伊丽莎白女王后悔了——玛丽女王体会到了做母亲的喜悦——不近人情的达恩利勋爵——玛丽女王出巡——达恩利勋爵的计划——离婚的建议——玛丽女王拒绝离婚——玛丽女王这么做的原因——儿子最重要——博思韦尔伯爵和莫里伯爵的矛盾——一切都是因为权力——博思韦尔伯爵受伤——与达恩利勋爵有关的谣言——离开苏格兰的准备——篡权的计划——达恩利勋爵病倒了——玛丽女王赶往道格拉斯——玛丽女王的建议——达恩利勋爵同意返回爱丁堡——玛丽女王经常探望达恩利勋爵——荷里路德宫的婚礼——高兴的博思韦尔伯爵——苏格兰贵族们的默许——半路劫持——邓巴城堡的十天——玛丽女王的训斥——博思韦尔伯爵的话——发誓与威胁——无可奈何的玛丽女王——自愿还是武力胁迫——玛丽女王的表态——简单的秘密婚礼——无法说服对方——谜案与不幸

第九章 | 博思韦尔伯爵之死 191

荒诞不经的事情——人们怜悯玛丽女王——玛丽女王反对者们的观点——一出戏——法国方面的反应——反驳者们的观点——控制着一切的博思韦尔伯爵——并非本意的宣称——联合起来的苏格兰贵族——苏格兰人民在行动——傲慢狂妄的博思韦尔伯爵——博思韦尔伯爵的计划——詹米森王子——博思韦尔伯爵的话——贵族联盟——玛丽女王的命令——贵族们的观点——行动起来的苏格兰贵族和人民——兵发爱丁堡——博思韦尔伯爵的担忧——撤至博思威克城堡——博思威克城堡的位置——步步紧逼——博思韦尔伯爵撤回邓巴城堡——玛丽女王的勤王令——不肯善罢甘休的贵族联盟——卡伯里山——勒·克罗克的努力——贵族们的反驳与劝说——失望的勒·克罗克——博思韦尔伯爵提议决斗——关于决斗的谈判——决斗的人选问题——反复的莫顿——玛丽女王的提议——格兰奇领主——贵族联盟的要求——玛丽女王的想法——玛丽女王来到贵族联盟的营地——被软禁的地点——爱丁堡市民们的怜悯——被转移至荷里路德宫——博思韦尔伯爵的情况——逃往苏格兰高地——苏格兰北部的海岛——生死时刻——丹麦远征军——博思韦尔伯爵的最后日子

第十章 | 列文湖城堡 207

合适的软禁地点——鲁斯温和莫顿叫醒玛丽女王——玛丽女王等人来到列文湖城堡——列文湖城堡的位置——列文湖城堡的情况——方形塔——八角塔和窗户——列文湖城堡的主人——道格拉斯夫人的观点——选择列文湖的原因——囚犯玛丽女王——苏格兰王国内的两派——两派的主张——临时政府——汉密尔顿——议案——请玛丽女王签字——三份文书的内容——詹姆斯·梅尔维尔的劝说——玛丽女王拒绝签字——归途中的莫里伯爵——莫里伯爵的担忧——莫里伯爵与詹姆斯·梅尔维尔碰面——莫里伯爵的决定——北上列文湖——兄妹相见——情难自己的玛丽女王——玛丽女王的回忆——世事更迭——莫里伯爵的行为——莫里伯爵的告诫——人们的推测——对自由的渴望

——逃跑的希望渺茫——道格拉斯兄弟——道格拉斯兄弟的决心——金罗斯村——交通工具——一个女仆——李代桃僵——乔治·道格拉斯被逐出城堡——加强戒备——坚持不懈——机智的威廉·道格拉斯——一幅画——时机出现——乔治·道格拉斯的计划——威廉·道格拉斯的作用——玛丽女王成功逃出八角塔——玛丽女王的宣言——热情的苏格兰民众——成为废墟的列文湖城堡——方形塔与八角塔——浮想联翩

| 第十一章 | 漫长的囚禁 | 229 |

玛丽女王率军转移——敦巴顿城堡——莫里伯爵的应对——两军相遇——抢占高地——莫里伯爵的骑兵——南逃至苏格兰海岸——最安全的做法——邓遵南修道院——何去何从——玛丽女王的想法——追随者的建议——玛丽女王的决定——卡莱尔城堡——玛丽女王的使者——玛丽女王等人的行动——劳瑟阁下的措施——欢迎仪式——更加危险的境地——与身份不符的欢迎仪式——城堡方面拒绝投奔玛丽女王者进入——玛丽女王的处境——她的支持者发现不对——护卫者还是监视者——伊丽莎白女王的慰问信与特使——伊丽莎白女王的严令——玛丽女王请求面见伊丽莎白女王——特使的回答——伊丽莎白女王的办法——侮辱——玛丽女王被转移——玛丽女王的随从被遣散——孤立无助的玛丽女王——出庭的双方——案情更加复杂——伊丽莎白女王的目的——休庭与转移——玛丽女王的抗议——不了了之——软禁力度更胜从前——玛丽女王的请求——莫里伯爵遇刺身亡——玛丽女王与莫里伯爵的关系——想营救玛丽女王的人——萨福克公爵的谋划——玛丽女王的答复——萨福克公爵阴谋败露——玛丽女王受到牵连——软禁力度再次加强——不断变化的软禁地点——玛丽女王身边的随从——打发时间的消遣活动——漫长的软禁岁月——被人遗忘的玛丽女王

| 第十二章 | 大结局 | 247 |

十八年的软禁生涯——玛丽女王被卷入巴宾顿阴谋——巴宾顿其人——巴宾顿的谋划——与玛丽女王取得联系——联系的方式——加密文字——玛丽女王准备外出散心——散心时的监视——不速之客——巴宾顿阴谋败露——十四位主犯的绞刑——玛丽女王被转移到佛泽林盖城堡——佛泽林盖城堡的情况——审判的准备工作——象征伊丽莎白女王的王座——王座的意义——玛丽女王拒绝出庭——伊丽莎白女王的人指控玛丽女王——玛丽女王的辩护——寻求庇护与被软禁——关于遗体的安葬之所——必须公开行刑——玛丽女王的抗争——虽败犹荣——对于侍从的安排——玛丽女王请伊丽莎白女王写下亲笔担保信——法王和詹姆斯六世的努力——争取到的时间——伊丽莎白女王签署死刑核准令——玛丽女王门外的侍从们——玛丽女王的交待——布置断头台——督刑官去请玛丽女王——玛丽女王的祈祷——玛丽女王前往断头台——悲伤的队伍——安德鲁·梅尔维尔爵士——玛丽女王交待的话——当众宣读死刑核准令——玛丽女王最后的祈祷——詹姆斯六世的愤怒——选择妥协——伊丽莎白女王驾崩——詹姆斯六世继承英格兰王位——玛丽女王的梦想实现了——各自为政的两个国家——英王詹姆斯一世为母报仇——玛丽女王长眠于威斯敏斯特大教堂——含笑九泉

附 录 | 专有名词汉英对照 ············· 273

第一章

玛丽女王的童年

精彩看点

林利斯戈宫——玛丽女王的诞生地——林利斯戈宫的位置——广场、喷泉和拱门——宫殿毁于战火——玛丽女王的母亲——毁掉宫殿的大火——凄清的房间——心中戚戚的游客——满目萧然——詹姆斯五世——与亨利八世的战争——詹姆斯五世驾崩——孤儿玛丽——苏格兰女王——摄政大臣——天主教与新教——教堂的不同——宗教仪式的不同——教皇——苏格兰的信仰状况——摄政大臣的人选——阿伦伯爵汉密尔顿——一些人的担心——阿伦伯爵汉密尔顿成为摄政大臣——战争结束——亨利八世的新想法——玛丽女王的健康状况——珍妮特·辛克莱——亨利八世的诚意——联姻的阻力——亨利八世的无理要求——苏格兰人的反对——亨利八世让步——联姻条约——无忧无虑的玛丽女王——兽穴与狮子——斯特灵城堡——玛丽女王加冕——斯特灵城堡的位置——加冕典礼——苏格兰的内部矛盾——苏格兰高地——英奇玛霍姆岛——四个玛丽——玛丽女王在岛上的生活——再起争端——苏格兰想解除联姻——勃然大怒的亨利八世——亨利八世驾崩——英格兰出兵——爱丁堡之战——同仇敌忾的苏格兰人——苏格兰向法国求助——苏格兰人的条件——法王出兵——苏格兰人的决定——敦巴顿城堡——城堡的作用——玛丽女王离开苏格兰苏格兰境内有很多风景名胜，林利斯戈宫便是其中之一，它吸引着络绎不绝的游客。在参观这座古老的宫殿遗址时，游客们往往会特意去某个特定的房间一游——它是苏格兰玛丽女王玛丽·斯图亚特的诞生地。倾国倾城的玛丽女王命途多舛，她的故事激起了人们强烈的研究兴趣。因此，在某种程度上，玛丽女王出生的地方，她悲惨的一生开始的地方，也成了人们关注的重点。

林利斯戈宫建在一片美丽的高地上，宫殿旁边有一个小湖泊，湖中有一座小岛，岛上土壤肥沃。未遭大火前，这座宫殿是方形的，中间有一个开阔的广场，广场中央有一处喷泉，还有一道可供马车与骑士通行的拱门。可是后来，因为战争，这座宫殿毁于战火，成了一片废墟。

16世纪的林利斯戈宫

林利斯戈宫和旁边的小湖泊

玛丽女王

战争期间,玛丽女王的母亲、法国重臣吉斯公爵弗朗索瓦·德·洛林的妹妹玛丽·吉斯带着她的女儿玛丽女王逃离了这座宫殿,之后,一些敌方士兵来到了这里,并在这里过夜。睡觉时,他们找来了一些稻草,将其铺在地板上。第二天早上离开时,有人随意地点燃了这些易燃的稻草,任其燃烧。虽然宫殿的地基和低层建筑是由石头砌成的,不怕大火,但宫殿的高层建筑、木质建筑却不耐火烧,因此,最后,在熊熊大火中,这座宫殿毁于一旦。此后,苏格兰人便放弃了它,任其荒芜。

进入玛丽女王诞生的那个房间后,人们便会发现,现在的它凄清、荒凉,四周杂草丛生,石质地板上积满了灰尘,铺满了枯草、落叶,因为房屋的屋顶早已毁于大火,所以风雨可以毫无阻碍地进入这里。四处游走时,人们不免心中戚戚,他们仿佛看到了宫殿曾经的华美模样,也仿佛看到了尚在襁褓中的玛丽女王躺在母亲臂弯里的场景,还仿佛看到了那群肆无忌惮的士兵恣意破坏宫殿时的情形。当人们来到窗边——或者说曾经的窗边、现在的残垣缺口时,映入他们眼帘的也是满目萧然。可是当年,从窗边远眺时,宫殿旁的湖泊尽收眼底。

苏格兰国王詹姆斯五世是玛丽女王的父亲,玛丽女王出生时,詹姆斯五世正率军抵御入侵的英格兰军队,

第一章 玛丽女王的童年

与英王亨利八世对阵。但在战争中，他频频失利、屡战屡败。虽然他认为苏格兰贵族与指挥军队的将领阳奉阴违，出卖苏格兰利益，让英格兰占尽上风，但面对此等情况，他也无计可施。在内外交困中，他日渐憔悴，最终，女儿玛丽女王出生后不久，他便在痛苦中驾崩。就这样，刚出生六天，还未来得及见到自己的父亲，玛丽女王便成了孤儿。不过，这还只是开始，此后，玛丽女王的不幸接踵而来。

因为玛丽女王是她父亲詹姆斯五世的独生女，所以，当詹姆斯五世驾崩后，尽管她尚在襁褓之中，但她还是理所当然地继承了苏格兰的王位，成为苏格兰女王。这种情况下，按照惯例，在玛丽女王长大成人之前，苏格兰王国需要一位摄政大臣以女王的名义治理国家。

当时的某些情况与现在类似，比如说法国人民信奉天主教，而英格兰人民则信奉新教。众所周知，天主教和新教有很多不同。比如说，天主教徒们建造了许多规模宏大、辉煌壮丽的教堂，教堂中既有圣母玛利亚和耶稣基督的壁画，也供奉着他们的圣像，而新教徒们却在朴素的小教堂内布道，而且他们也认为那些圣像不过是毫无神性的死物。再比如说，天主教常常举行盛大的宗教仪式，而与之相反的是，新教徒们并不喜欢这些仪式，

玛丽女王的父亲詹姆斯五世

玛丽女王的母亲

玛丽女王

他们认为这些外在的行为是无谓的炫耀,相对来说,他们自己的简单祷告反而更加虔诚。另外,天主教还有一个独特之处,虽然天主教徒几乎遍布全世界,但他们均要听命于天主教廷的最高领袖、居于罗马的教皇。

在玛丽女王生活的那个时代,英格兰为信奉新教的国家,法国为信奉天主教的国家,而苏格兰国内却没有统一的宗教信仰,虽然苏格兰人大多是新教徒,但天主教的势力也不容小觑。在苏格兰,新教徒和天主教徒激烈地对抗着,经常以极端残忍的方式迫害对方。有时,新教徒会闯入天主教堂,破坏壁画,毁掉圣像;而一旦天主教徒得势,他们就会以各种名义逮捕新教徒,更极端时还会将他们送上火刑架、执行火刑。

如前所述,在玛丽女王成年之前,苏格兰需要一位摄政大臣帮助她处理国家大事,当时,苏格兰国内有两个合适的人选,即玛丽女王的母亲和阿伦伯爵汉密尔顿。玛丽女王的母亲非常希望帮助自己的女儿摄政,但因为她信奉天主教,所以绝大多数苏格兰民众不想接受她的摄政统治。另一位摄政大臣的人选阿伦伯爵汉密尔顿是新教徒,同时,他也是苏格兰王位的第二顺位继承人——也就是说,如果玛丽女王不幸夭折的话,他就会成为国王。因此,虽然阿伦伯爵汉密尔顿承诺说当玛丽女王成

第一章 玛丽女王的童年

年后,他便会还政于她,但许多人依然不放心。那些人认为,如果玛丽女王在成年之前便不幸驾崩,那么阿伦伯爵汉密尔顿就可以顺理成章地成为苏格兰国王,因此,为了自己的利益,阿伦伯爵汉密尔顿可能会行非常之事,所以,他绝不适合做摄政大臣。

可是,在综合考虑的时候,宗教因素压倒了一切,因此,新教徒阿伦伯爵汉密尔顿击败了天主教徒玛丽女王的母亲玛丽·吉斯,成为苏格兰王国的摄政大臣,在玛丽女王成年之前管理苏格兰。

玛丽女王出生后,正在交战的英格兰和苏格兰以一种非常独特的方式结束了战争。此前,为了征服苏格兰,将之纳入英格兰版图,英王亨利八世多次远征,他的对手、玛丽女王的父亲詹姆斯五世则奋力抵抗。现在,虽然詹姆斯五世已经驾崩,新登基的玛丽女王尚在幼年,但阿伦伯爵汉密尔顿已经取得了摄政权,接掌了苏格兰军队的指挥权,因此,苏格兰依然在顽强地抵抗着英格兰的入侵。

后来,英王亨利八世有了另外一个想法。当时,亨利八世的幼子爱德华刚刚四岁,他想,当他驾崩之后,爱德华必定继承英格兰王国的王位,如果他的王后是苏格兰王国的玛丽女王的话,那么,英格兰和苏格兰便自然而然地合二为一了。因此,目前来看,相比于继续战争,结束战争、缔结婚约更有利。

其实,亨利八世的想法堪称绝妙,在执行过程中,如果他能多一些耐心,采取更加温和的方式的话,说不定他真的取得成功了,毕竟,联姻兼并远胜武力吞并。可是,刚愎自用的他却采取了最糟糕的方式,在下文中,我会详细讲述他的做法。

首先,亨利八世需要确定玛丽女王的健康状况,确保她能够长大成人。不然的话,当他错过了苏格兰主少国疑的最佳征服时机,与苏格兰签订和平条约、缔结联姻婚约之后,玛丽女王却不幸夭折了,那他就真的是竹篮打水一场空了。因此,为了了解玛丽女王的实际情况,他便派了一个心腹大臣作为使者出使苏格兰。

在苏格兰宫廷中,为了打消英格兰使者和英王亨利八世的疑虑,在玛丽女王的母亲监督下,当着英格兰使者的面,玛丽女王的保姆珍妮特·辛克莱除去了她怀中的婴儿——玛丽女王的几件衣衫,向英格兰使者展示了玛丽女王婴儿时期的完美体型、强健四肢。在做这些事情时,这位保姆的脸上洋溢着自豪、喜悦的笑容。

于是,英格兰使者便向英王亨利八世做了肯定的回复,说玛丽女王非常健康。因此,亨利八世便改变了之

亨利八世

前武力吞并苏格兰的计划，开始为自己的幼子爱德华求亲。首先，他同苏格兰的实际掌权者阿伦伯爵汉密尔顿缔结和约，并释放了此前俘获的俘虏，友善地将他们礼送回国。接着，他便开始洽谈两国联姻一事。

总的来说，亨利八世的计划还算顺利，但在这个过程中，他也遇到了一些阻力。首先，苏格兰国内的某一强大势力一直强烈地反对联姻一事；第二，玛丽女王的母亲也不同意此事。如前所述，玛丽女王的母亲是一个法国人，还是一个天主教徒，因此，她自然希望亲自抚养女儿，待她长大后，让她皈依天主教，并为她选择一位法国王子做丈夫。那时，苏格兰境内的天主教徒都支持她的想法。

尽管如此，但如果亨利八世能够耐心地采取相对温和的措施，一步一步慢慢来的话，苏格兰王国还是很有可能会同意此次联姻的。可是，刚愎自用、自高自大的亨利八世却提出了这么两个要求：第一，一旦缔结婚约，玛丽女王必须到英格兰生活，接受他的安排；第二，缔结婚约之后，他有权参与苏格兰的国事。他这两个要求是如此过分，以至于苏格兰根本无法接受：首先，苏格兰人根本不会允许年幼的玛丽女王离开苏格兰，更不会允许亨利八世这么一个强硬粗鲁的人做她的监护人；第二,他们更不想之前的敌人干预自己的内政。他们认为,一旦接受这些条款,苏格兰和玛丽女王都会失去自主权,苏格兰的劲敌亨利八世会为所欲为。

意识到自己的强硬只会适得其反后,亨利八世不得不做出让步,在玛丽女王十岁之前不干预苏格兰内政,不要求玛丽女王的监护权。可是,十岁之后,玛丽女王必须前往英格兰,接受他的监管。就这样,英格兰和苏格兰缔结了联姻条约。

当英格兰和苏格兰商议联姻事宜时,年幼的玛丽女王一直安静地依偎在保姆珍妮特·辛克莱的臂弯里,有时,她也会无忧无虑地在林利斯戈宫的地板上四处爬行,透过宫殿的窗户眺望远处的湖泊与湖中的天鹅。偶尔,苏格兰的伯爵、男爵们也会前来觐见她,看到她爬来爬去的可爱模样后,他们总会不由自主地微微一笑。

如前所述,玛丽女王生活的方形宫殿建在风景秀丽的湖畔,宫殿中央是一个大广场,广场中有一道喷泉,喷泉从石雕的嘴里涌出,流入下方铺设有大理石地板的水池中。现在,我们还能看到石雕的残像。

宫殿某处有一个圆型的深坑,坑深十英尺,如同一口井一般。当时,这个深坑是圈养大型猛兽的兽穴,就如同现在的人们喜欢在家中饲养一只鹦鹉或一条狗当宠物一般，那时的贵族也喜欢在宫殿或城堡附近挖掘出这样的兽穴，饲养狮子等大型猛兽当宠物。据记载，玛丽女王生活的那个时代，这座宫殿的兽穴里便关着一头狮子，而且，她的保姆珍妮特·辛克莱还带她去看过狮子，并让她从兽穴上方给狮子投放食物。

斯特灵城堡位于林利斯戈宫北部，距其约十五到二十英里，是苏格兰历代国王和女王加冕的地方，出生九个月之后，玛丽女王便在这里接受加冕，正式成为苏格兰女王。

一般来说，国王或女王的加冕礼总会吸引王国所有人的注意，更何况此次接受加冕的女王还是个婴儿。不仅如此，欧洲各国的国王也都派出了使者出席了玛丽女王的加冕仪式，并向其致敬，一时之间，全欧洲的注意力都集中在了苏格兰的斯特灵城堡。

斯特灵城堡建于山顶，在宽广美丽的福思河河口附近。城堡下的石山处于苏格兰的中心地带，在周围广袤、美丽、富饶的田野的映衬下，这座山宛如一座拔地而起的岛屿。山的周围是一片翠绿的田野，田野之外布满了小山丘。当行人站在山丘上远望时，当他们骑马走过田野时，最先映入他们眼帘的一定是处于山巅的斯特灵城堡。

斯特灵城堡的三面皆是陡峭的悬崖，只有正门前有

第一章 玛丽女王的童年

一道长长的斜坡直通山下。玛丽女王加冕时,长长的队伍缓缓地走过斜坡上长长的道路,直达城堡门前。之后,城堡雄伟的大门缓缓打开,吊桥也放了下来。经过吊桥,走过吊桥下又宽又深的壕沟后,加冕队伍终于进入了城堡。接着,他们穿过了一个又一个铺满石质地板的庭院——庭院四周尽是围墙和高塔,终于来到了城堡的中心——年幼的玛丽女王就是在这里接受加冕的,苏格兰的王公贵族与欧洲各国的使节共同见证了这一重要的时刻。

当时,虽然年幼的玛丽女王并没有意识到加冕典礼的重要意义,但苏格兰人还是为其举行了盛大的加冕仪式,身着华服的伯爵、男爵、外国使节和贵妇名媛簇拥着玛丽女王来到了加冕典礼的现场。当时,玛丽女王被高高举起,代表罗马天主教廷无上尊严的枢机主教将王冠戴在她的头上。那个时候,玛丽女王既高兴又害怕:身边的盛景吸引着她,可是,周围的陌生面孔又让她害怕。

之后的两年里,玛丽女王一直生活在林利斯戈宫和斯特灵城堡。可是,这两年中,苏格兰内部的斗争越来越激烈。如前所述,苏格兰人的信仰不统一,有人信奉天主教,有人信奉新教,那两年中,信奉天主教的一派与法国结盟,信奉新教的一派则得到了英格兰的支持,因

雄伟的斯特灵城堡

此，势力大涨之后，这两派之间的斗争日趋白热化。因为内斗，苏格兰变得动荡不安起来，最后，为了安全起见，一些人决定让玛丽女王前往苏格兰高地躲避一阵子。

苏格兰高地是苏格兰北部和西部多山地区的统称，当地的居民被称为苏格兰高地人。虽然林利斯戈宫和斯特灵城堡所在的苏格兰中部属于文明区，但在当时，苏格兰高地却属于蛮荒地带。这里人烟稀少，遍布崇山峻岭，群山之中多幽暗峡谷，除了当地的牧羊人和牧牛人会驱赶着他们的羊群和牛群涉足其间外，那里人迹罕至。不过，恶劣的自然环境也造就了苏格兰高地人彪悍尚武的民风，因此，很少有人会打扰那片土地的安宁，因此，那里也成了一个绝佳的避难之所。

因为上述原因，避难的玛丽女王一行也没有深入苏格兰高地，而是止步于苏格兰高地的边缘地区，来到了门蒂斯湖中的英奇玛霍姆岛上。该地区属于多山的荒凉地区，少有人烟，英奇玛霍姆岛更是隐蔽，因此，待在那里，玛丽女王完全不用担心被发现。

不过，在被送到岛上时，玛丽女王还不到四岁，因此，玛丽女王的母亲专门派了几个人去照顾她。事实上，为了确保自己的女儿衣食无忧、健康快乐，玛丽女王的母亲做了万全的准备。因为考虑到女儿需要玩伴，所以

第一章 玛丽女王的童年

她特地选择了四个与之年龄相仿的女孩子与其作伴。她们分别是玛丽·比顿、玛丽·弗莱明、玛丽·利文斯敦和玛丽·席顿,想必读者们也发现了,这四个女孩子的名字都是玛丽。

此后的两年里,玛丽女王一直生活在这个孤寂的小岛上。虽然小岛比较荒僻,但因为她母亲的精心准备,所以玛丽女王的生活还是十分舒适、十分便利的。那两年里,她无忧无虑地与其他四个玛丽愉快地玩耍,丝毫不关心岛外的情况。那时,她既不知道苏格兰国内的种种斗争,也不关心她的未婚夫,那个比她大四岁的英格兰男孩儿。

不过,那段时间里,因为联姻一事,英格兰和苏格兰再起争端。如前所述,从一开始,玛丽女王的母亲就反对联姻:首先,作为一个天主教徒,她不希望自己的女儿嫁给一个信奉新教的王子;第二,作为一个法国人,她也不希望自己的女儿嫁给一个英格兰王子。当时,她的主张得到了苏格兰境内天主教徒的支持。

后来,苏格兰王国的摄政大臣阿伦伯爵汉密尔顿也改变了之前的立场,开始反对与英格兰的联姻一事。因此,就联姻一事,苏格兰国内达成了统一意见,于是,苏格兰政府通知英王亨利八世说他们准备解除联姻。

阿伦伯爵汉密尔顿

第一章 玛丽女王的童年

得知此事后，亨利八世勃然大怒，首先，他宣布说联姻条约不能单方面废除，接着，他立刻召集军队，准备远征苏格兰，武力逼迫苏格兰改变立场。可是那个时候，亨利八世的健康状况已经不容乐观，尽管如此，但一意孤行的他根本听不进去任何劝谏。最后，终于有人冒死直言，把他已经病入膏肓、大限将至的事实告诉了他。认清自己的状况后，亨利八世终于接受了命运的安排。后来，驾崩前，他命人传召大主教觐见，可是，当大主教来到他身边时，他已经无法开口说话了，不久之后，他便停止了呼吸。

虽然亨利八世驾崩了，但英格兰政府还是决定继续向苏格兰施压，逼迫他们改变决定，继续遵守联姻条约。因此，英格兰大军攻入了苏格兰，逼近了爱丁堡。最后，在爱丁堡附近，一场大战打响。战场在大海附近，因此，双方交战时，为了协助己方陆军，英格兰海军直接在海上提供火力支援，炮轰苏格兰部队。最终，通过海陆协同，英格兰大获全胜，苏格兰损失惨重。

战前，双方僵持数日，在这段时间里，爱丁堡中人心惶惶，他们都担心，一旦英格兰人获胜，他们必定会大举进攻爱丁堡。事实上，获得胜利后，英格兰人的确乘胜追击。不过，因为爱丁堡中心的那座坚固城堡——

该城堡建于山巅，固若金汤，英格兰人妄图一举攻克爱丁堡的计划还是功亏一篑。

其实，在战前，许多苏格兰人并不反对与英格兰联姻，可是，因为英格兰的军事入侵和英格兰军队的恣意妄为，同仇敌忾的苏格兰人民终于开始集体反对联姻之事。他们表示：“最开始的时候，我们并不反对联姻，但英格兰欺人太甚，居然发兵打到了我们的家门口，是可忍孰不可忍，这个时候，我们只能抵抗到底。”

此外，苏格兰政府还派人向法国求援，希望法王能够派兵前来助战。为了说服法王，他们承诺说，如果法王派出援军的话，那么，击退英格兰、废除与英格兰的婚约之后，他们的玛丽女王可以下嫁给法国王子弗朗索瓦。

最终，苏格兰人提出的联姻计划打动了法王，于是，他同意了苏格兰人的请求，派出了一支六千人的援军支援他们，与他们一道对抗英格兰。法国援军抵达后，苏格兰人做出了另外一个决定——将玛丽女王送往法国。当时，他们认为，因为苏格兰过于动荡，虽然玛丽女王藏身于隐秘的英奇玛霍姆岛，但那里并不安全，因此，他们应该火速安排玛丽女王前往法国，让她在那里居住、接受教育，直至她成年。所以，当法国的船队运送法国

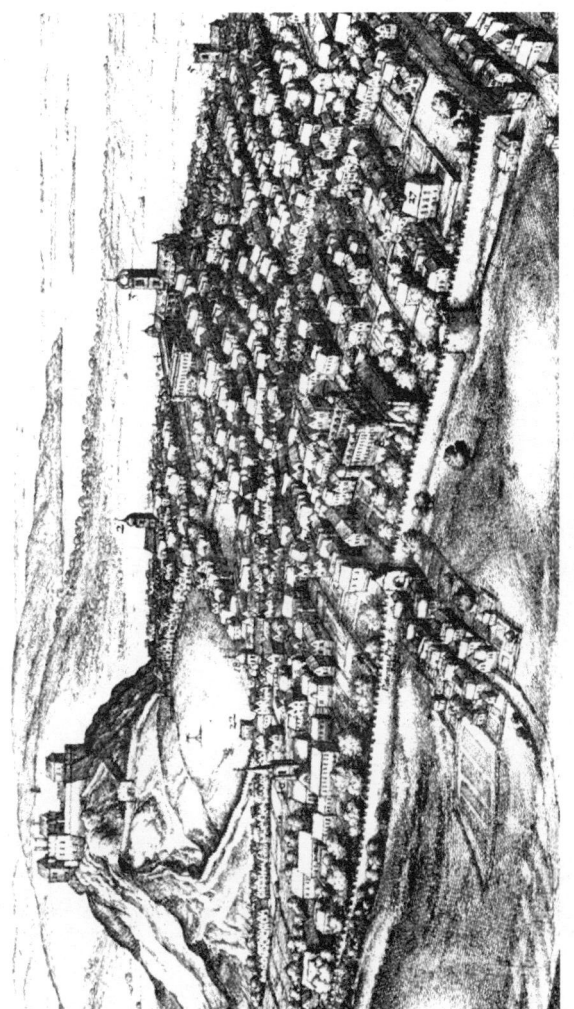

早期的爱丁堡

法国王子弗朗索瓦

第一章 玛丽女王的童年

援军抵达时,他们便请求这支船队护送玛丽女王前往法国。当时,与玛丽女王一同前往法国的还有她的四个玩伴,那四个同名玛丽的女孩。

就这样,玛丽女王和她的四个玩伴离开了孤寂的英奇玛霍姆岛,坐上了前来接她们的船,南下来到了敦巴顿城堡。坚固的敦巴顿城堡建于高山之巅,坐落于克莱德河河畔。想必读者们也发现了,那个时候的城堡几乎都建在悬崖峭壁之上。这也难怪,毕竟那个时代里,城堡的主要作用就是抵御敌人的进攻,而建在高山之上,便可以借助地利之便,增加敌人攻打的难度。抵达敦巴顿城堡后,玛丽女王一行人发现,法国舰队就停泊在城堡对面的克莱德河河面上,他们已经等待多时了。于是,玛丽女王以及她的随行人员便登上了法国舰队的船只,向法国驶去。

离开英奇玛霍姆岛时,玛丽女王不过五六岁,那时,年幼的她根本不知道战争是因她而起的,也没有即将离开故土的离愁别绪。当时,在戒备森严的护卫队护送她穿过苏格兰、前往敦巴顿城堡时,她一直留心观察着周围的新奇场景,此后的很多年里,这些都是她最美好的回忆。

因为她的四个玩伴也会陪她一同前往法国,所以她非常高兴,因此,在和母亲道过别后,她便兴奋地登上了一直等待她的法国战舰,乘船离开了自己的故土。那个时候,她绝对想不到,直到很多年之后,她才再次踏上苏格兰的土地。

第二章

玛丽女王在法国接受的教育

精彩看点

国王与王后的地位——舰队驶入海洋——暴风雨——提心吊胆的众人——有惊无险的航行——抵达法国——布雷斯特——法王亨利二世的准备——大赦——圣日尔曼宫——盛大的欢迎仪式——法王亨利二世的目的——接受教育——修道院——玛丽女王与修女们的友谊——玛丽女王的想法——快乐的修道院生活——法王亨利二世和贵族们的反对——身不由己的玛丽女王——宫廷生活与教育——玛丽女王的母亲来法国探望她——法王亨利二世和玛丽女王前去迎接——鲁昂——激动的泪水——玛丽女王的外祖母——一年时光——爱德华六世旧事重提——玛丽女王母亲的答复——詹姆斯·梅尔维尔爵士——玛丽女王的绅士侍从官——各种娱乐和消遣活动——一次惊险的狩猎活动——玛丽女王受到的限制——玛丽女王与凯瑟琳王后的关系恶化——玛丽女王对凯瑟琳王后的崇拜——刺绣——模仿对象——对话——凯瑟琳王后的特点——玛丽女王无意冒犯了凯瑟琳王后——家世传承——玛丽女王家族的悠久历史——法国王子弗朗索瓦——"多芬"——相互喜欢的两人——越来越漂亮的玛丽女王——天使——玛丽女王皈依天主教——虔诚的玛丽女王

与现在相比,那个时候,对国家来说,国王和王后举足轻重,因此,无论是对苏格兰还是对法国来说,玛丽女王离开苏格兰、前往法国都是一件大事,苏格兰非常不舍,法国则满怀期待。

当时,玛丽女王一行人乘船顺流而下,驶出了克莱德河,穿过了英格兰和爱尔兰之间的海峡,进入了广阔的海域。在海上,这支舰队非常不幸地遭遇了暴风雨。那个时候,虽然年幼的玛丽女王没有意识到自己正处于危险之中,但那些陪伴她的贵族、使节和贵妇们却整日里提心吊胆。最后,经过数日颠簸之后,这支舰队终于平安抵达法国北海岸的布雷斯特小镇。登陆之后,玛丽女王的随行人员都松了一口气。

为了迎接玛丽女王,法王亨利二世做了万全、细致的准备:首先,为了方便玛丽女王及其随行人员前往巴黎，他特地安排了马车和马匹；第二，在前往巴黎的路上，玛丽女王每到一个城镇，那个城镇就会举行盛大的欢迎庆典；第三，为了向玛丽女王致意，法王亨利二世还法外施恩，玛丽女王每到一个城镇，那个城镇便大赦囚犯。

在巴黎近郊，法王亨利二世有数座宫殿，玛丽女王抵达巴黎后，他便安排她住进了圣日尔曼宫。圣日尔曼宫在巴黎西北，距其约12英里，恢弘壮丽，是历代法王亨利二世最喜欢的度假胜地之一。宫中有宽阔的公园和巨大的花园，宫殿附近还有一片面积广阔的人工林。现在，当我们到法国旅游时，我们仍可去圣日尔曼宫一游。

玛丽女王入住圣日尔曼宫时，法王亨利二世为其举行了盛大的欢迎仪式，还安排了多场演出。法王亨利二世这么做有两个目的：第一，让玛丽女王和她的随行人员产生一种宾至如归的感觉；第二，向她们展示法国的强大、富有。

不久之后，在法王亨利二世的安排下，玛丽女王便前往修道院接受教育。现在，虽然学校教育比较普遍，但在当时，贵族们大多是去修道院接受教育的。那时，有的修道院建在繁华的大都市，有的建在与世隔绝的乡下，然而，无论建在何处，修道院的修士和修女们都不

法王亨利二世

15世纪的圣日尔曼宫

第二章 玛丽女王在法国接受的教育

能过多沾染外界红尘。

在修道院里,玛丽女王与修女们结下了深厚的友谊:首先,玛丽女王所在的那所修道院里,修女们和蔼可亲、才学出众,玛丽女王很喜欢她们;第二,虽然玛丽女王是一国之主,但她为人善良、待人真诚、和蔼可亲,所以修女们也很喜欢她。最后,玛丽女王甚至萌生了"成为修女,与其他修女一起在修道院生活"的想法。

对她来说,修道院的生活是快乐的,首先,这里的生活十分宁静,第二,她的身边都是自己喜欢的人。可是,法王亨利二世以及那些陪她来到法国的苏格兰贵族坚决反对此事,他们更希望她长大成人后嫁给法国王子,做一个尊贵的女王或王后。因此,当他们得知玛丽女王居然萌生了出世的念头后,他们立刻把她带出了修道院。

因为苏格兰女王的身份,很多时候,玛丽女王身不由己,所以,她只能忍痛离开修道院,与修女们挥泪道别。如果她不是苏格兰女王的话,她可能还能够自由地选择自己的人生道路。可是,因为她苏格兰女王的身份,因为她身上的责任,她不得不违背自己的意愿、离开修道院,返回法国宫廷。

之后的很多年里,她或者暂住于这座宫殿,或者到另一座宫殿里生活。在那里,为了打消她之前的出世念头,法王亨利二世和苏格兰贵族们为其准备了奢华的生活、数不尽的娱乐活动。当然,他们也没有忽视她的教育,而是给她和她的四个玩伴,以及法王亨利二世的两个女儿安排了专业的教师。

来到法国两年之后,玛丽女王七岁了,这时,她的母亲想来法国探望她。如前所述,玛丽女王离开苏格兰时,她的母亲并没有陪她离开,而是留在了苏格兰。不过一别两年,她还是非常想念女儿的,因此,她便找了个机会离开苏格兰、来到了法国,探望了自己的女儿,也拜访了自己的亲朋好友。

荣归法国时,玛丽女王的母亲做了精心的安排,许多苏格兰贵族和贵妇随她一道前往了法国。他们一行抵达法国后,法王亨利二世也特地带着玛丽女王与法国宫廷的一大批贵族前去迎接。离开巴黎后,法王亨利二世和玛丽女王一行人行至鲁昂,那里距玛丽女王的母亲即将登陆的港口不远,所以他们便在那里耐心等待。玛丽女王的母亲一行人抵达后,法王亨利二世为其举行了盛大的欢迎仪式,玛丽女王更是扑到了母亲的怀中,与她紧紧拥抱。阔别两年,再次见到女儿后,玛丽女王的母亲也流下了激动、喜悦的泪水。

之后,他们便一起兴高采烈地返回了巴黎。回到巴

第二章 玛丽女王在法国接受的教育

黎后,玛丽女王和她的母亲立刻成了巴黎人民的关注焦点。为了欢迎玛丽女王的母亲回家,在圣日尔曼宫和枫丹白露宫,法王亨利二世举行了盛大的欢迎宴会与庆典。

回到法国后,玛丽女王的母亲专门去探望了自己的母亲,即玛丽女王的外祖母。当时,玛丽女王的外祖父已经去世,她的外祖母独自一人居住在距巴黎相当远的地方。因此,玛丽女王和她的母亲专门离开巴黎,特地去了那里一趟。到达那里后,玛丽女王发现她的外祖母依然过着苦行僧般的生活,沉浸在悲痛中无法自拔。她所生活的房间悬挂着黑色的幔帐。这种情形也使玛丽女王的母亲悲从中来。

此后的一年里,玛丽女王的母亲一直留在巴黎,陪着自己的女儿。一年后,在枫丹白露宫,她与自己的女儿告别,再次踏上了前往苏格兰的船只。可是,无论是她,还是她的女儿玛丽女王,她们都没有想到,这次告别居然是永诀——此后,她们母女再也没有相见。

也许有人认为,或许玛丽女王的母亲更愿意留在法国,毕竟这里是她的故乡,这里有她的女儿、她的母亲和她的亲朋好友。而在苏格兰,首先,她是异乡之人,第二,对苏格兰的新教徒来说,她还是个异教徒。不过,对权力的渴望,让玛丽女王的母亲主动忽略了这一切,

玛丽女王的母亲

玛丽女王的外祖母

她想回到苏格兰，争取苏格兰的摄政权。

其实，在法国期间，玛丽女王的母亲一直在尝试着游说法王亨利二世，让他向苏格兰施压，迫使阿伦伯爵汉密尔顿交出摄政权。后来，她真的得到了法王亨利二世的承诺。接着，她又说服了自己的女儿，达到了同样的目的。最后，目的达到后，她便心满意足地离开了法国，借道英格兰，返回了苏格兰。

借道英格兰时，年轻的英王爱德华六世——亨利八世之子——再次向她求亲，希望她把自己的女儿玛丽女王嫁给他。读者们应该还记得，此前，亨利八世在位时，英格兰和苏格兰签订了联姻条约，联姻的一方是苏格兰的玛丽女王，另一方便是亨利八世的幼子爱德华，也就是现在的英王爱德华六世。当时，玛丽女王还是珍妮特·辛克莱怀中的婴儿，而那时的爱德华六世也不过是个四岁的孩子。现在，登基之后，爱德华六世旧事重提，想恢复他与玛丽女王的婚约。可是，玛丽女王的母亲却明确地拒绝了他，她说："我的女儿玛丽女王必定会嫁给法国王子，你就别痴心妄想了。"

此后不久，又一位苏格兰人来到了玛丽女王的身边，此人为詹姆斯·梅尔维尔爵士，是苏格兰方面派来的绅士侍从官。在这里，我想简单说明一下古代的贴身男仆

第二章 玛丽女王在法国接受的教育

和绅士侍从官的不同。虽然贴身男仆和绅士侍从官的职责相似,都要听命于自己服务的主人,但贴身男仆只是品阶高于所有普通仆役的侍从,而绅士侍从官则是年轻的绅士。

当时,玛丽女王大约七岁,她的绅士侍从官詹姆斯·梅尔维尔爵士则大约二十岁。此后的很多年里,詹姆斯·梅尔维尔爵士一直为玛丽女王服务,不离不弃。当玛丽女王返回苏格兰时,他是护送者;当玛丽女王管理苏格兰时,他是玛丽女王的心腹大臣,还曾多次担任大使出使他国。抵达法国,在布雷斯特登陆后,他以及他的两位同伴——受命照顾他的苏格兰人——一道赶往巴黎。虽然那时的玛丽女王尚在幼年,但他依然认为,能够出任女王的绅士侍从官是莫大的荣耀。

母亲离开后,玛丽女王似乎一瞬间长大了很多,此后,她更加勤奋好学,也更加乖巧懂事。同时,随着年龄的增长,她也变得越来越漂亮。那段时间里,她开始学习音乐、诗歌和绘画,并为此倾注了大量心血。此外,她还会设计一些精美图案,再为其配上拉丁格言。之后,她便会把这些设计好的图纸交给雕刻工匠们,命他们依照图案雕刻印章。最后,在写信时,她会根据不同情况选择不同的印章,将其盖在自己的信封上。

为了让玛丽女王和她的四个同伴过得开心愉快,法王亨利二世以及那些陪同玛丽女王离开苏格兰、来到法国的苏格兰贵族、贵妇们经常在公园、森林和宫殿里举办节日庆典,那时,法王亨利二世的女儿们也会参与其中。

此外,他们还会在宫殿附近的夏日别墅里举办小型舞会,在小湖泊上举行水上派对,在野外进行野餐,当然,公园和森林里的狩猎活动必不可少。虽然玛丽女王还是个小女孩,但她的骑术非常好。不过,在某次狩猎活动中,她还是遇到了一些危险。当时,在一大群绅士和女士的簇拥下,玛丽女王控马前行。可是,突然之间,她的裙子被路边的树枝挂住了,就这样,她从快速奔跑的马儿背上摔了下去。不过,那时,玛丽女王虽慌不乱,并没有吓得尖叫,甚至没有大声呼救,而是咬着牙站了起来。最后,在一些人的帮忙下,她理好了乱糟糟的头发,再次爬上马背,继续追逐猎物。

虽然有这些娱乐活动,但在日常生活中,玛丽女王依然不能自由自在地快乐生活,因为欧洲各个国家的王室都有各种繁文缛节,它们规定了各个等级的人能够做什么、不能够做什么,因此,玛丽女王的生活与活动受到了诸多限制。而且,随着年龄的增长,玛丽女王所受的限制越来越多。

身着军装的亨利二世

与此同时,她与法国凯瑟琳王后的关系开始恶化。此前,她与凯瑟琳王后的关系非常好,那时,她经常去王后的寝宫,并在那里待很长时间。可是后来,她们开始相互厌恶对方。

刚到法国的时候,玛丽女王非常崇拜凯瑟琳王后。首先,凯瑟琳王后是法王亨利二世的妻子、玛丽女王未来的丈夫小王子弗朗索瓦的母亲;第二,玛丽女王还能够从凯瑟琳王后那里学到很多东西。

比如说,那个时候,她跟着凯瑟琳王后学会了刺绣——贵妇们最喜欢的消遣活动之一。据说,为了感谢她小时候接受教育的修道院的修女们,玛丽女王曾亲手做了一件精美的刺绣送给她们。回到苏格兰后,玛丽女王也留下了很多精美的刺绣。现在,在荷里路德宫,在玛丽女王曾经生活过的房间里,我们依然能够见到它们。

再比如说,那个时候,凯瑟琳王后是玛丽女王的模仿对象,正是从她身上,玛丽女王学到了作为女王的威仪。据记载,某次,凯瑟琳王后曾问过玛丽女王这么一个问题:"我亲爱的小玛丽,为什么你老是粘着我呢?为什么不去和那些与你年龄相仿的小伙伴们玩耍呢?"玛丽女王回答说:"与她们玩耍时,虽然我很开心,但我却学不到任何东西。可是,待在您身边时,我却能从

凯瑟琳王后

早期的荷里路德宫

第二章 玛丽女王在法国接受的教育

您的一举一动、一言一行中学到很多有用的东西。"

可是,因为凯瑟琳王后过于强势、过于专横,而且更重要的是,她不仅不相信玛丽女王,甚至还嫉妒她。这些都导致她们二人渐行渐远。有些人猜测说,凯瑟琳王后嫉妒玛丽女王,是因为玛丽女王比她的两个亲生女儿更加漂亮、更加聪明、更加讨人喜欢。还有人说,未来,凯瑟琳王后一定会反对玛丽女王与自己的儿子弗朗索瓦的婚事。

另外,凯瑟琳王后不相信玛丽女王的崇敬之情,她认为玛丽女王的所作所为不是发自真心,而是为了讨自己喜欢,以此达到某些不可告人的目的。如前所述,凯瑟琳王后和玛丽女王有过一次对话,读者们或许会认为,听完玛丽女王的回答后,凯瑟琳王后应该非常高兴。但事实却恰恰相反,凯瑟琳王后完全不相信玛丽女王的话。

此外,还有一次,玛丽女王曾无意冒犯了凯瑟琳王后,使其怀恨在心。当时,欧洲贵族们非常在乎自己的家世,家族传承越悠久,他们就越骄傲。而当时,凯瑟琳王后的家族刚刚跻身贵族行列不久,在一些传承悠久的贵族看来,他们家族不过是个"爆发户",因此,凯瑟琳王后非常忌讳别人在她面前提及家世。可是,某一次,在闲谈中,当着凯瑟琳王后的面,玛丽女王说他们家族已经传承了一百多代,而且在这将近千年的传承中,他们家族一直是苏格兰王族。这些话深深地刺激了凯瑟琳王后。

如前所述,玛丽女王的未来丈夫是法国王子弗朗索瓦,那么自然,在法国生活时,他们两人的关系也很亲密。弗朗索瓦王子又被称为"多芬"——即王太子殿下,这里面有这么一个历史渊源。在此前的一百多年前,法国某个古老的省份多芬那省有一位受人尊敬的贵族,可是后来,他不幸老年丧子,失去了爵位和财产的继承人。失去继承人后,他悲痛莫名、万念俱灰,最后,他决定把他的全部财产捐赠给法王亨利二世及法王亨利二世的继承人,但与此同时,他也提出了一个不情之请——即法王亨利二世的长子必须接受"多芬"这个称呼。最后,当时的法王亨利二世恩准了他的请求,因此,从那时起,法王亨利二世的长子便被称为"多芬"。

王太子殿下弗朗索瓦彬彬有礼、和蔼可亲,不过美中不足的是,他的身体健康状况有点遭,性格上也有点懦弱。虽然如此,但玛丽女王还是非常喜欢他,他们两人经常一起散步或骑马,在舞会和派对上,他们两人也经常一起跳舞。

玛丽女王知道,长大成人后,她就要嫁给这个自己

第二章 玛丽女王在法国接受的教育

幼年的玩伴；弗朗索瓦王子也明白，未来，他要娶玛丽女王为妻。一切都已经注定了，他们两人根本改变不了什么，不过，他们似乎也从未想过去改变什么。玛丽女王喜欢弗朗索瓦王子的彬彬有礼，同时，弗朗索瓦王子也被玛丽女王的美丽和善良所吸引。

随着年龄的增长，玛丽女王也越来越漂亮、越来越迷人。在一些盛大的游行和仪式中，贵妇名媛们往往会

少女时期的玛丽女王

身着华服、手持火把地走在游行队伍的中间。在某次游行中,玛丽女王也在游行队伍之中。当时,火把散发的微光照亮了她精美的五官和飘逸的秀发,将她衬托得更为美丽动人。当时,她身边的贵妇们都想更靠近她,更加近距离地欣赏她的美。有些陶醉于她美貌的人不由自主地感叹道:"啊,她真像天使呀!"

如前所述,法国是信奉天主教的国家,因为身边的人全是天主教徒,所以自然而然地,长大之后,玛丽女王也皈依了天主教。当时,法王亨利二世和所有王室成员都严格地遵循着天主教的各项仪式,与他们一样,生活在法国的玛丽女王也经常参加天主教的仪式庆典以及各种日常宗教仪式,经常去那些富丽堂皇的教堂做礼拜。因为这些潜移默化的影响,最终,她成了一名虔诚的天主教徒,此后,她一直未改变自己的信仰。可是,这份虔诚也成为她日后深重灾难的源头。

第三章

盛大的婚礼

精彩看点

玛丽女王十五岁了——法王亨利二世想让玛丽女王尽快完婚——联姻的反对者——苏格兰新教徒的顾虑——毒杀玛丽女王的计划——斯图尔特——法王亨利二世的命令——严刑拷打——未解之谜——历史学家们的推测——法国贵族的顾虑——吉斯家族——凯瑟琳王后的反对——潜在的竞争对手——法王亨利二世的考虑——婚姻财产契约——婚姻特别委员会——苏格兰政府的叮嘱——苏格兰和法国达成的共识——法王亨利二世与玛丽女王的秘密条约——玛丽女王在法国的花费——订婚仪式与正式的婚礼——卢浮宫——卢浮宫的位置——卢浮宫外的场景——巴黎圣母院——巨大的圆形剧场——新郎新娘齐聚主教的住所——通往巴黎圣母院的长廊——婚礼队伍——倾国倾城的玛丽女王——玛丽女王身后的凯瑟琳王后——国王的慷慨恩赐——混乱——巴黎圣母院中的弥撒——舞会——拥挤的大街——持续的庆典——骑射对抗竞赛——弗朗索瓦王子——玛丽女王对丈夫的爱——年轻夫妇的蜜月——玛丽女王最自由的日子——苏格兰的庆祝——大礼炮

玛丽女王十五岁时，法王亨利二世认为，她应该与自己的儿子弗朗索瓦王子完婚了。的确，虽然玛丽女王还很年轻，但法王亨利二世的理由也很充分，因为反对联姻的人太多，迟则生变，所以，他们还是尽早成婚得好。

事实上，在法国和苏格兰，有三股势力——苏格兰新教徒、法国的一些贵族以及凯瑟琳王后——反对玛丽女王与法王王太子弗朗索瓦的婚事。

首先，苏格兰新教徒坚决反对玛丽女王的婚事，他们认为，如果他们的玛丽女王嫁给了一个信奉天主教的法国王子的话，那么，她就会以天主教的利益为重，这对他们很不利。因此，他们想尽了一切办法来阻止联姻，甚至还想过毒杀玛丽女王。

当时，执行这个计划的是苏格兰人斯图尔特。虽然他是个苏格兰人，但他当时的职务是法王卫兵中的弓箭手。不过,幸运的是,在动手之前,他们的阴谋便败露了,斯图尔特也被控制了起来。为了了解事情的真相,法王亨利二世命人严审斯图尔特。但无论是面对严刑拷打,还是面对重重诱惑,斯图尔特都没有吐露他的行为动机以及幕后黑手。最终,斯图尔特被判处死刑,而他的动机则成了未解之谜。现在,历史学家们推测,苏格兰新教徒是毒杀事件背后的策划者,他们这么做是为了避免信奉天主教的玛丽女王统治苏格兰,是为了避免苏格兰落入罗马教皇的手中。

第二,法国的一些贵族也反对玛丽女王与王太子弗朗索瓦的婚事。他们认为,玛丽女王的母亲出身的吉斯家族本就是法国的名门望族,在法国拥有极强的势力和极大的影响力,如果苏格兰的玛丽女王和法国的王太子联姻,那么,吉斯家族的势力将会更加强大,这必然会影响到他们这些家族的利益。因此,他们也准备用尽一切手段阻止此次联姻。

第三,王太子的母亲凯瑟琳王后不喜欢玛丽女王。如前所述,很多人猜测凯瑟琳王后嫉妒玛丽女王,嫉妒她比自己漂亮,嫉妒她更讨人喜欢,当时更有人猜测她会反对玛丽女王与自己儿子弗朗索瓦王子的婚事。另外,如果凯瑟琳王后的丈夫法王亨利二世驾崩,那么,继承

法王亨利二世在位期间发行的金币,上面的人物头像为亨利二世

王位的必然是王太子弗朗索瓦，到了那时，玛丽女王也会变成法国的王后，那种情况下，凯瑟琳王后本人的权力和利益就会受到极大损害，因此，她无法容忍这样一个潜在对手成为自己的儿媳妇。

意识到这些情况后，法王亨利二世认为，为了以防万一，弗朗索瓦和玛丽女王应该早日完婚。因此，1557年，玛丽女王十五岁的时候，法王亨利二世派人前往苏格兰，邀请苏格兰政府派使者共同见证玛丽女王与法国王太子弗朗索瓦的成婚大典。

当时，婚姻财产契约是极其重要的文件，尤其是婚姻双方是一国女王与另一国王太子时。因此，在结婚之前，法国和苏格兰要拟定、签署非常正式、条款详细的婚约。婚约将会明确规定夫妻双方所享有的权利，以及一方去世之后，另一方依然拥有以及不再拥有的权利；同时，婚约还要规定因婚姻关系可能产生的王位继承问题，以及两国的领土问题。

为此，苏格兰政府专门成立了一个婚姻特别委员会——委员会的八位成员皆为苏格兰的勋贵，而且是那种爵位和地位最高的勋贵，派他们前往法国，全权处理与玛丽女王大婚有关的一切事宜。在出发前，苏格兰政府专门强调，在法国时，他们必须争取利益最大化，切

第三章 盛大的婚礼

实保障苏格兰的整体利益和玛丽女王的个人权利。同时，他们也应该想尽一切办法保障玛丽女王婚后生活的幸福。离开苏格兰时，因为苏格兰人都很关注玛丽女王的终身大事，所以特别委员会一行人造成了万人空巷的效果，抵达法国后，他们更是受到了法国最热烈的欢迎。

来到法国后，苏格兰婚姻特别委员会的成员便开始与法国代表洽谈相关事宜。最终，他们达成了以下共识：

第一，婚后，法国将为玛丽女王提供一笔巨额年金。而且当王太子弗朗索瓦继承王位后，这笔年金将会翻倍。不过，与此同时，玛丽女王的丈夫也有权参与苏格兰王国的一切事务。如果王太子弗朗索瓦未能登基，不幸以储君身份去世的话，那么，无论玛丽女王选择依然留在法国，还是回到苏格兰，作为弗朗索瓦王子未亡人的她都可以继续领取年金。

第二，如果玛丽女王与现在的王太子、未来的法王弗朗索瓦有男性继承人的话，那么，他将同时拥有苏格兰和法国的王位继承权；如果他们仅有女性继承人的话，那么，鉴于法国王位不能由女性继承人继承，所以她仅拥有苏格兰王位的继承权；如果他们未能诞下子嗣的话，那么，法国王室的任何成员都不能染指苏格兰王位，玛丽女王百年之后，苏格兰王位将由苏格兰人继承。

虽然法王亨利二世不太满意这些条款，但他并没有就此表示异议。其实，在此之前，他已经和玛丽女王签订了秘密条约。秘密条约规定：第一，无论玛丽女王是否诞下子嗣，法国王室的成员都有权继承苏格兰王位；第二，为了偿还玛丽女王在法国生活期间的费用——包括她的教育开支、她仆从们的花销、为她专门举办的仪式和庆典的花费以及一切豪华旅行、游行的费用，苏格兰政府应向法王支付一大笔资金——大约一百万枚金币。

签订婚约之后，整个巴黎、或者说整个法国都沸腾了，他们开始紧锣密鼓地准备王太子的婚礼大典。

首先，法国王太子弗朗索瓦和玛丽女王要举行订婚仪式。在订婚仪式上，在王室成员、宫廷贵族和贵妇的见证下，王太子弗朗索瓦和玛丽女王在卢浮宫正式而庄严地发下海誓山盟。接着，大约一周之后，他们在巴黎圣母院举行正式的婚礼。

接下来，我想插叙一下卢浮宫和巴黎圣母院。

玛丽女王与丈夫弗朗索瓦

虽然现在的卢浮宫已经不是王室住宅了，但在当时，法国王室的很多成员都居住在那里——当时，杜伊勒里宫才开始修建。和林利斯戈宫一样，卢浮宫也是一座方形宫殿，宫殿的四面都建有巨型拱门沟通内外。它的中间也有一个相当开阔的露天庭院，两条宽阔的马车车道纵横东西南北，于庭院中心呈直角垂直交汇。此外，卢浮宫内还有一座大厅，玛丽女王和王太子弗朗索瓦的订婚仪式就是在那里举行的。当天傍晚，他们的订婚仪式以一场盛大的舞会结束。与此同时，整个巴黎都在紧锣密鼓地筹备他们的婚事。

卢浮宫坐落于塞纳河一侧，除了一条宽阔的大街，和大街毗邻河岸那一侧的一道矮墙外，它们之间没有其他任何建筑物。因此，只要站在卢浮宫的窗口，整个塞纳河的美景便一览无余，塞纳河上桥梁的风姿也尽入眼底。而在这众多的风景中，最美的莫过于一座岛屿了，这座岛屿几乎正对着卢浮宫，上面布满了建筑，通过桥梁与塞纳河两岸相连，雄伟的巴黎圣母院就坐落于这座小岛上。

巴黎圣母院是气势恢弘的天主教大教堂，几个世纪以来，它都是巴黎最大的天主教堂，几乎所有重大的国事庆典都是在这里举行的，因此，法王亨利二世便选择

第三章 盛大的婚礼

此处作为自己儿子和儿媳的大婚场所。在法语中,圣母是"我们的夫人"的意思,在罗马天主教中,它特指耶稣的母亲圣母玛利亚。

巴黎圣母院的前面有一个开阔的广场,每逢重大场合,那里都会聚集大量的人群。因此,这一次,在王太子大婚这样的大喜之日,为了方便来自四面八方的人观看结婚盛典,法王亨利二世专门命人搭建了一个巨大的、可以容纳上万名观众的圆形剧场。

婚礼当天,新郎新娘以及他们的朋友会事先聚集在距巴黎圣母院不远处的主教住所,婚礼开始时,他们将通过一道事先搭建好的长廊进入教堂。这道有廊顶的长廊连接起了主教的住所和巴黎圣母院,长廊的两边挂满了紫色天鹅绒的帷幔。新郎新娘以及其他人组成长长的队伍,走过长廊进入巴黎圣母院时,整个场面极为壮观。

当时,一个举着巨大黄金十字架的侍从走在最前方,作为前导、身穿华服的罗马教皇使节紧跟着十字架,新郎王太子弗朗索瓦跟在教皇使节之后。不久之后,在法王亨利二世的陪同下,玛丽女王也来到了现场。

那个时候,玛丽女王身穿白色婚纱,裙子上绣着百合花,点缀着钻石和白银装饰品。按照当时的风俗习惯,婚纱后还有长长的拖纱,因此,两个年轻的女孩子走在

19世纪的卢浮宫

19 世纪的巴黎圣母院

她身后，替她托举着拖纱。与此同时，玛丽女王头戴一顶嵌满钻石和宝石的黄金王冠，脖子上戴着一串钻石项链，项链上还有一枚价值连城的戒指。

不过，在玛丽女王倾国倾城的容貌面前，服装和珠宝首饰都黯然失色，当时，婚礼现场的所有人都认为，玛丽女王身上有一种无法言传的美。她的每一个动作都有着不可言喻的优雅、毫不矫揉造作，每一种举止都体现了无法描述的魅力、清新脱俗。

玛丽女王身后是凯瑟琳王后以及其他宫廷贵妇组成的长队列。与玛丽女王相比，凯瑟琳王后的动作和举止都显得十分不自在，人们认为，那个时候，在凯瑟琳王后的内心，嫉妒之火在熊熊燃烧。

当弗朗索瓦王子给玛丽女王戴上戒指时，整个婚礼达到了高潮，之后，祝福的声浪一浪高过一浪。为了让更多的人见证这一神圣的时刻，婚礼的主婚人鲁昂大主教——当时法国境内阶位最高的天主教主教——特地选择了巴黎圣母院门口这个地点。

按照当时的惯例，在这种大型的公共庆典上，为了增加喜庆气氛，国王会命人抛洒钱币。不过当时，因为这个惯例，巴黎圣母院的广场上一片混乱，因为那里的人实在是太多了，为了抢拾钱币，人们相互推搡，很多

第三章 盛大的婚礼

人都被推倒在地。最终，因为担心场面更加混乱，所以法王亨利二世不得不命人停止这一行为。

与此同时，在人们的簇拥下，新郎新娘回到了巴黎圣母院内，沿着高大的石柱走到教堂中心，来到被布置得金碧辉煌的圣坛前听弥撒。之后，在神父的主持下，他们还进行了其他一些宗教仪式。

这些宗教仪式结束后，新郎新娘以及其他人便开始继续前行，鱼贯穿过教堂的巨型拱门，来到了一处宽敞的平台上。在那里，他们再次接受了围观群众的祝福。当时，新娘玛丽女王是所有人关注的焦点。她迈着优雅的步伐，从人们面前走过，在她的身后，两个年轻的女孩子为她托举着长长的拖纱。这一切都如一幅美丽的画卷一般。之后，他们再次回到了教堂，穿过那道长长的走廊，回到了主教的住所，并在那里享用了丰盛的茶点。最后，他们又举办了一场舞会，不过，因为华服的"拖累"，所有人都无法尽情享受跳舞的乐趣。

舞会结束后，一行人准备返回，准备返回卢浮宫的玛丽女王和凯瑟琳王后坐上了轿子，而法王亨利二世和王太子弗朗索瓦则骑在马上，跟在轿子的后面，此外，他们的周围还跟着一大批随行人员。不过，那个时候，大街上挤满了高兴的群众，非常拥挤，因此他们只能艰难前行，直到凌晨五点才到达目的地。当时，布置得金碧辉煌的卢浮宫依然灯火通明。

接下来的十五天里，各种庆典不断，最后，一场盛大的骑射对抗竞赛为这场隆重的婚礼画上了圆满的句号。当时，骑士们、贵族们、王子们甚至是各国国王都会全副武装地骑在战马上，来到封闭的竞赛场地内，用长矛或者钝剑相互对抗；当时，爵位很高的贵妇名媛也会莅临竞赛现场，观看并裁定竞赛。当时，能够参与竞赛就是相当大的荣耀，因为这种竞赛是贵族们的"游戏"，只有地位较高、身份尊崇的人才有资格参加。

可是，因为身体素质的原因，本应是本次竞赛主角的弗朗索瓦王子却没有办法参加这场竞赛。弗朗索瓦王子相貌平平，身体孱弱，甚至还有点懦弱，因此，很多人都认为，尽管他是法国的王太子，欧洲最伟大的王国的王位继承人，身份高贵，但除此之外，在其他任何一个方面，他都算不上一个称职的丈夫，根本配不上德才兼备、倾国倾城的玛丽女王。

弗朗索瓦王子自己也清楚这一点，因此，当周围的人向其投以鄙视的目光时，他也只能默默忍受。可是，玛丽女王却深深地爱着她的丈夫，我们不确定玛丽女王的爱中是否夹杂着怜悯，但我们确定，在与丈夫相处的

第三章 盛大的婚礼

过程中，玛丽女王一直在鼓励他，激励他重拾信心，寻找自身的价值。

婚礼圆满结束后，欣喜的新郎弗朗索瓦王子带着新娘玛丽女王离开了巴黎，来到了隶属他的一所乡村别墅中。这对年轻的夫妻——当时，两人都非常年轻，不过十五六岁——准备在那里安安静静地度蜜月，不再考虑王室宫廷中的种种限制和规矩，无拘无束地生活一阵子。那段时间应该是玛丽女王生活最自由的时候了，虽然她

为纪念玛丽女王与弗朗索瓦王子的婚礼而铸造的纪念币，上面的人物为玛丽女王与弗朗索瓦王子

的身边还围绕着许多仆人，虽然她和丈夫还得参加某些聚会，但从某种程度上来，在那里，她成了那里的女主人，可以自己做主。

为了庆祝玛丽女王的大婚，苏格兰人也举行了盛大的庆典与游行。

爱丁堡城的中心有一座城堡，城堡中有一座可以俯瞰全城的高台，高台上有一台巨型铁炮蒙斯·梅格。为了庆祝女王大婚，欢欣不已的爱丁堡人合力把已经废弃多年的蒙斯·梅格巨炮抬上了炮台的垛口，用它发射了几枚礼炮。这是苏格兰人在向他们的女王致以最崇高的敬意、最真挚的祝福。

第四章

遭逢不幸

精彩看点

又一次盛大的婚礼——竞赛的参与者——忘乎所以的法王亨利二世——蒙哥马利——凯瑟琳王后的劝说——一意孤行的法王亨利二世——奉命行事的蒙哥马利——法王亨利二世受伤——驾崩——最令人悲哀的事情——前往卢浮宫——巡游与谣言——苏格兰的情况——三方角逐的战场——苏格兰内战——玛丽女王的母亲薨逝——玛丽女王母亲的遗言——法王弗朗索瓦二世驾崩——悲痛的玛丽女王——高兴的凯瑟琳王太后——玛丽女王离开巴黎——苏格兰人希望玛丽女王回归——凯瑟琳王后的嫉妒——玛丽女王的想法——法国和苏格兰的不同——玛丽女王在法国的生活——玛丽女王决定回到苏格兰——玛丽女王去见自己的外祖母——玛丽女王重返巴黎——凯瑟琳王太后的刁难——伊丽莎白女王带来的压力——玛丽女王和伊丽莎白女王的不同——伊丽莎白女王对玛丽女王的防备——玛丽女王的英格兰王位继承权——伊丽莎白女王的情况——法王亨利二世的做法——伊丽莎白女王的决心——伊丽莎白女王担忧的道理——英格兰国内的天主教势力——爱丁堡条约——玛丽女王拒绝签字——伊丽莎白女王的答复——玛丽女王的倾诉——英格兰王位继承权——玛丽女王的觉悟——玛丽女王关于信仰的答复

就在玛丽女王大婚大约一年后，在巴黎，法王亨利二世又为自己的大女儿伊丽莎白举行了盛大的婚礼。最后，这场婚礼也在一场盛大的竞赛中落下帷幕。如今的圣安东尼大街是这次竞赛的举办地点，在任何一份巴黎地图上，我们都可以找到这个地方。当时，身着华服的法王亨利二世骑在一匹神骏非凡的战马之上，成为游行队伍中最突出的人物之一。

一般来说，参与竞赛的都是年轻的王子和勇敢的骑士，法王亨利二世应该与贵妇们一道在观众席上观看竞赛。可是，在竞赛开始后的第二天，骑着战马在竞赛场上绕行的时候，观众们的掌声和喝彩声让亨利二世忘乎所以。当他看到两支还未使用的长矛时，他想当众表现一下自己的勇武，因此，他抓起了其中一支长矛，还命身边的一个骑马贵族蒙哥马利拿起另外一支，他想和那

亨利二世的大女儿伊丽莎白

伊丽莎白大婚

个贵族竞赛。

最开始的时候，蒙哥马利婉言谢绝了国王的挑战。之后，法王亨利二世的妻子凯瑟琳王后也劝他放弃之前的想法。她深知，虽然长矛并不锋利，无法刺穿铠甲，但是，这种对抗竞赛的安全并不是绝对的，很容易出现意外，因此，身为国王的亨利二世不应当冲动地将自己置于危险之中。接着，王太子弗朗索瓦、玛丽女王以及其他的贵族和贵妇们也纷纷劝谏亨利二世，让他放弃这个危险的想法。可是法王亨利二世却固执己见，他说："这只是场游戏，不会有什么危险的，你们的担心纯属多余。"说完，他便举起了长矛，对准了蒙哥马利，同时，他也命蒙哥马利做好竞赛的准备。

最后，不得已，蒙哥马利只得奉命行事，而其他人也只能在观众席上焦急地做一个旁观者。竞赛场上，法王亨利二世和蒙哥马利手执长矛、驾驭着战马，向对方冲去。在交错而过的瞬间，双方都把长矛对准了对方的胸膛或脑袋。

按照惯例，为了安全起见，竞赛的双方都要戴上头盔，放下头盔前面的面甲。可是，这个可以活动的面甲有一个非常脆弱的地方，而在对冲的时候，蒙哥马利的长矛恰巧就击中了法王亨利二世面甲的那个部位。最后，

亨利二世与蒙哥马利之间的致命角逐

虽然蒙哥马利的长矛折断了，但长矛的一个碎片还是击穿了面甲，击中了法王亨利二世的眼睛，击伤了他。

此后，虽然法王亨利二世依然驾驭着战马，可是在场的观众都发现，战马上的国王摇摇欲坠。于是，惊慌失措的众人立刻涌到法王亨利二世的身边，把他扶下马来。虽然法王亨利二世表示自己并无大碍，但当人们摘下他的头盔时，他们发现，他的脸上满是鲜血。于是，他们立刻护送他回到卢浮宫，并迅速传召御医。虽然受伤了，但法王亨利二世还是宽宏大量地表示这一切都是自己"咎由自取"，与蒙哥马利无关，所以任何人不得怪罪蒙哥马利。可是，最后，1559年7月，在病榻上缠绵了十一天后，法王亨利二世还是驾崩了。

法王亨利二世驾崩后，王太子弗朗索瓦便是法国的国王了。当时，尽管身体孱弱的王太子弗朗索瓦在杜尔纳尔宫养病，也因为父亲的受伤病重而悲伤不已，但当法国宫廷中的官员来到他的房间，跪在他的面前，称呼他为国王陛下时，他还是迅速从床上坐起、站好，大声地对他们说自己状况良好。或许这就是王权交替中最令人悲哀的事情吧，尽管当时的弗朗索瓦王子是首次得知父王驾崩的消息，尽管当时他悲痛欲绝，但在宫廷大臣面前，他必须高兴地宣布自己的状况良好，完全可以继

蒙哥马利

一幅雕版画：杜尔纳尔宫

第四章 遭逢不幸

承大统,带领法国走向更加辉煌的未来。

根据惯例,已经成为国王的弗朗索瓦和他的妻子玛丽女王需要立刻前往卢浮宫,接受法国贵族们的致敬。随着法王亨利二世的驾崩,弗朗索瓦二世的继位,之前的凯瑟琳王后也变成了王太后,而玛丽女王——这个凯瑟琳王后一直嫉妒、忌惮的对手——则成为法王王后。凯瑟琳王后非常不甘心,毕竟之前她都是掌握大权、发号施令的人,但现在,她不仅要交出手中的权力,而且还要交给自己一直嫉妒的对手。虽然如此,但她还是体面优雅地交出了权力。据说,在离开杜尔纳尔宫时,已经成为王太后的凯瑟琳走在了已经成为法国王后的玛丽女王后面,当时,她对玛丽女王说:"前进吧,王后,现在是你的时代了。"于是,玛丽女王便率先走出了宫门,但行至马车边时,她还是停了下来,优雅、有礼地请凯瑟琳王太后先进入马车。

当时,法王弗朗索瓦二世已经十六岁了,在现在的我们看来,十六岁的人还是个男孩,但在当时的人看来,十六岁的人已经是成年人了。因此,一登基,法王弗朗索瓦二世便掌握了法国的大权。之后,他来到了巴黎东北部的兰斯小城,来到了一所古老的教堂中。这里是历代法王的加冕之地,法王弗朗索瓦二世来此接受加冕。

之后，正式成为法王的弗朗索瓦二世立刻展现了自己的魄力，重新任命了各部大臣。那时，人们惊讶地发现，他们的法王非常果决，完全不是他们印象中那个有点懦弱、身体羸弱的王太子弗朗索瓦。虽然法王弗朗索瓦二世还要面对一系列的困难，但加冕之后，他和他的王后玛丽女王已经登临权力的顶点，此后的一年里，夫妻情深的他们过着幸福、平静的生活。

在治理国家时，法王弗朗索瓦二世英明果断，显露出了一个明君所具备的素质，但是，他的身体状况依然不好，而且，因为操劳国事，他的健康状况更是每况愈下。后来，为了放松身心，他经常外出巡游。可是，因为经常巡游，法国国内开始流传出这样的谣言：我们的国王为什么经常出游呢，因为他患有重病，为了治愈这种疾病，他需要在儿童的鲜血中沐浴，他外出就是为了收集更多儿童的鲜血。那个时代的民众极其愚昧，特别迷信，因此，这则谣言流传广泛，而且大部分人都相信了它。所以，此后，当听闻法王弗朗索瓦二世即将来到某地的消息后，当地人便会携家带口地逃离家乡，逃往其他地方，躲开这个嗜血的国王。

后来，弗朗索瓦二世也发现了问题，于是，他便问身边的人："我的子民为何躲着我呢？"但他身边的人

第四章 遭逢不幸

都不敢告诉他真相。也是,只是发现了这个现象,弗朗索瓦二世就非常难过了,如果知道了真相的话,他一定会痛苦不堪的。

说完了法国的情况,我们再来看一下玛丽女王的故国苏格兰的状况吧,那段时间里,苏格兰的形势也不容乐观。如前所述,得到前任法王亨利二世的支持后,玛丽女王的母亲正式取得苏格兰的摄政权,成为苏格兰的摄政王太后。可是,之后,在处理国家大事时,她不得不面对无数困难。当时,苏格兰国内的天主教与新教的矛盾日益扩大,两派的斗争越来越激烈。首先,在英格兰的支持下,苏格兰新教的势力一日强过一日,最终,他们拿起了武器,武装反抗摄政王太后的统治。接着,为了维护自己的统治,玛丽女王的母亲不得不向法国求助。最后,苏格兰成了英格兰和法国角逐的战场,而苏格兰国内的新教徒和天主教徒则成了两方斗争的工具。虽然玛丽女王的母亲雄心勃勃地想治理好苏格兰,但是,最后,在她的统治下,苏格兰却陷入了可怕的内战之中。

就在内战期间,玛丽女王的母亲薨逝了。因为操劳过度,内战期间,玛丽女王的母亲一病不起。后来,得知自己大限将至时,病入膏肓的她派人设法请来了新教的部分领袖。首先,她请求他们竭尽所能地调节两派纠纷，安抚民心，结束内战，重建苏格兰。之后，她痛心疾首地忏悔了自己的所作所为，检讨了自己的行为。她说都是因为她，苏格兰才陷入了可怕的内战，苏格兰民众才深受战乱之苦，流离失所。最后，她又告诫他们说："尽管玛丽女王不在国内，尽管她还没有亲政，但你们应该时刻铭记，你们有义务忠于女王、服从她的命令，在自己力所能及的范围内维护她的统治。"

之后不久，玛丽女王的母亲便去世了。她去世后不久，苏格兰的内战也结束了，新教和天主教达成了谅解，缔结了和约，法国和英格兰的军队也撤出了苏格兰。接着，玛丽女王的母亲魂归故国——她的遗体被送回了法国，安葬在了兰斯大教堂。

1560年夏天，因为母亲的去世，玛丽女王陷入了悲痛之中。可是，她的不幸还不止这些，1561年12月，她的丈夫法王弗朗索瓦二世也不幸驾崩。

当时，法王弗朗索瓦二世正准备出去打猎，可是突然之间，他毫无征兆地昏了过去。接下来的几天里，他一直处于病危状态，不久之后，他的病情再次加重。当时，弗朗索瓦二世意识到，自己也将不久于人世，于是，他开始安排身后事。在弥留之际，弗朗索瓦二世越来越深刻地感受到了他的妻子玛丽女王对他的爱，也因此，一

婚后的玛丽女王

想到他们夫妇即将天人永隔，他便更加伤心难过。最后，缠绵病榻之时，弗朗索瓦二世派人请来了自己的母亲凯瑟琳王太后，乞求她在自己驾崩后善待自己的妻子玛丽女王。

丈夫生命垂危之际，最悲痛的莫过于玛丽女王了。首先，她的母亲刚刚去世，现在，她的丈夫又即将离他而去，她将再一次饱尝丧亲之痛；第二，一旦她的丈夫驾崩，她在法国的地位将会受到巨大的影响，自己母亲的家族吉斯家族也会同时失势。在下一位法王长大成人之前，已经半退隐的凯瑟琳王太后将会再次掌权，成为法国的摄政王太后。到那时，虽然她依然是法王的未亡人、法国的王后，但在法国这片异国的土地上，她只能

15 世纪的奥尔良城

第四章 遭逢不幸

沦为他乡之客。可是，面对丈夫不断恶化的病情，她也无能为力。最后，她只能眼睁睁地看着丈夫弗朗索瓦二世咽下最后一口气，那时，她才刚刚十七岁。

当时的历史学家们认为，弗朗索瓦二世英年早逝后，凯瑟琳王太后非常高兴。儿子驾崩后，她再次恢复了自己的权力和地位，再一次将玛丽女王"踩"在脚下。重掌大权后，凯瑟琳王太后立刻免去了支持玛丽女王的一些人，并安排一些敌视吉斯家族的人取代那些人的职位。因此，不久之后，玛丽女王便发现，在宫廷中，自己的生活越来越艰难，因此，她只得搬出巴黎，搬到奥尔良城附近的一座城堡中。

当时，苏格兰人都希望自己的女王能够回到苏格兰，

为此，天主教和新教均派使者前往法国觐见了玛丽女王。见到玛丽女王后，两派使节都表达了相似的意思：第一，请求玛丽女王回苏格兰主政；第二，希望重返苏格兰的玛丽女王采取相应措施支持自己这一方。

与此同时，尽管玛丽女王远离了巴黎，但凯瑟琳王太后依然嫉妒玛丽女王的影响力——法国民众普遍爱戴玛丽女王，嫉妒她的美貌，因此，她也暗示玛丽女王，希望她离开法国，回到自己的祖国苏格兰。她说这是玛丽女王最好的选择。

虽然如此，但玛丽女王并不想离开法国。首先，离开苏格兰时，她尚在幼年，因此，她对苏格兰的记忆是模糊的，现在，她根本不熟悉苏格兰；第二，在法国生活了这么多年之后，她已经喜欢上了法国；第三，相比于温暖的法国，苏格兰的位置更加偏北，气候恶劣，相比于繁华的法国，寒冷的苏格兰更像一个蛮荒地区；第四，在返回苏格兰的途中，玛丽女王不得不乘船穿过暴风雨频发的危险海域。除此之外，玛丽女王更担心回到苏格兰之后的情况，她母亲的英年早逝让她害怕，她觉得：母亲如此干练的人都难以治理好苏格兰，我回去之后又能如何呢，又该如何呢？

因为这些原因，玛丽女王并没有立刻返回苏格兰，

第四章 遭逢不幸

而是又在法国生活了一段时间。在法国时，自从丈夫去世后，每年的春夏两季，她都会外出走一走，往返于不同的宫殿和修道院里。偶尔，她也会出席国事庆典，在公众面前露面。按照那个时代的习俗，在这些庆典上，为了哀悼亡夫，她会穿上白色的衣裙。因此，慢慢地，法国人民开始称玛丽女王为白王后。

当然，在居孀期间，虽然玛丽女王很悲伤，但她并没有沉溺于悲痛之中而整日闷闷不乐、无所事事。那段时间里，她利用闲暇时间学习各种知识，培养各种兴趣爱好，通过这些有益的事情舒缓自己的悲痛，慰藉孤寂的心灵。

可是后来，因为多方面原因，玛丽女王终于下定了决心，重返苏格兰。不过，在重返苏格兰之前，她再次去拜访了自己的外祖母。如前所述，十年前，玛丽女王的母亲曾到法国看望玛丽女王，在离开法国、返回苏格兰前，她便去探望了自己的母亲。之后，为了返回苏格兰，玛丽女王以及其他人开始做返回前的准备工作。在繁琐的准备工作尚未完成前，玛丽女王再次来到了巴黎。当时，玛丽女王才十八九岁，正是风华正茂的年纪，而且她即将返回自己的祖国，成为那个国家的国王，因此，许多年轻的欧洲王子开始追求她，希望与她结下良缘。

玛丽女王

不过另一方面,凯瑟琳王太后则在各种场合刁难她。不过,因为英格兰的伊丽莎白女王的原因,玛丽女王几乎无视了凯瑟琳王太后的刁难。在她看来,相比于凯瑟琳王太后,她的表姑①伊丽莎白女王才是一个巨大的威胁。

当时,尚未婚嫁的伊丽莎白女王已经快三十岁了。如果我们简单对比一下伊丽莎白女王和玛丽女王的话,我们便会发现,她们两人有很多不同:首先,伊丽莎白女王是位虔诚的新教教徒,而玛丽女王则是位虔诚的天主教徒;第二,玛丽女王倾国倾城,而伊丽莎白女王则相貌平平。

从某种程度上来说,伊丽莎白女王有点嫉妒玛丽女王,嫉妒她的美貌。不过,相比于此,伊丽莎白女王更加忌惮玛丽女王,必须严密地防范她。如同我在《伊丽莎白女王》一书中所说的那样,伊丽莎白女王的父亲英王亨利八世曾有过多次婚姻,而且因为某些原因,他和伊丽莎白女王的母亲安妮·博林的婚姻的合法性受到了质疑。这样一来,人们便可以借此否定伊丽莎白女王的

---

① 按照英格兰的谱系关系来判断,苏格兰玛丽女王是英格兰伊丽莎白女王的表侄女,而在本书以及《伊丽莎白女王》一书中,作者很明显弄错了二人的关系,一直说二人为表亲、表姐妹。——译者注

少女时期的伊丽莎白女王

伊丽莎白女王的父亲亨利八世与母亲安妮·博林

第四章 遭逢不幸

继承权。

此前，当时尚在世的法王亨利二世曾质疑过伊丽莎白女王的继承权，还主张让玛丽女王继承英格兰的王位。为此，他命人专门为玛丽女王设计了一个特别的纹章，在这个纹章中，我们可以找到法国、苏格兰和英格兰三国的纹章元素。设计完成后，法王亨利二世不仅把这个纹章雕刻在玛丽女王使用的器具上，还以极其显眼的方式，将其展示在公众面前。当时，法王亨利二世将这个纹章雕刻在了一个城市的大门上，接着，玛丽女王以极其隆重的方式穿过了刻有纹章的大门，进入了这个城市。在那次的庆典上，英格兰使节也列席其中，因此，亲眼见证了此事的使节立刻将其一字不落地汇报给了伊丽莎白女王。由此，伊丽莎白女王认定玛丽女王将会威胁到自己的统治，于是，她开始想尽一切办法来消除这种威胁。

其实伊丽莎白女王的担忧也有一定的道理。首先，玛丽女王本人很想继承英格兰的王位，比如说，她非常喜欢法王亨利二世为她设计的纹章，比如说，她曾自己设计过一个图案，这个图案中有两个王冠，同时，图案下面还有一句以拉丁文写成的话——"第三顶王冠在等我"。第二，法王亨利二世支持玛丽女王，这样一来，伊丽莎白女王要面对的便是两个国家的国王，也就是说，英格兰王国要同时面对苏格兰王国和法国。第三，虽然英格兰是信奉新教的国家，但国内的天主教势力也不容小觑，相比于信奉新教的伊丽莎白女王，他们这些人更愿意接受信奉天主教的玛丽女王的统治。因此，一个不小心，英格兰王国便有可能陷入内战，如同之前的苏格兰那样。

在前面，我提到了法国、英格兰和苏格兰三方签订的《爱丁堡条约》，该条约规定，玛丽女王应该放弃她的英格兰王位继承权。可是，当《爱丁堡条约》被送到法国，需要玛丽女王签字生效时，她却拒绝签字。她说："我的英格兰王位继承权是我与生俱来的权利，无论如何，我都不会放弃它。"后来，当玛丽女王决定返回苏格兰时，该问题依然悬而未决。因为担心伊丽莎白女王会在自己的归程上拦截自己，所以玛丽女王给伊丽莎白女王写了一封信，希望她能授予自己一张有她签字的安全通行证，准许她安全地、畅通无阻地通过英格兰的海域和领土。但伊丽莎白女王却拒绝了玛丽女王的请求，不仅如此，她还通过英格兰驻巴黎大使思罗克莫顿做了回复。伊丽莎白女王说："既然你拒绝在《爱丁堡条约》上签字，那么，我也拒绝授予你安全通行证。"

英格兰驻巴黎大使思罗克莫顿

玛丽女王

伊丽莎白女王的话深深地伤害到了玛丽女王,因此,她遣开了身边的仆人,毫无保留地向驻巴黎大使思罗克莫顿表达了自己的观点。她说:"我的表姑伊丽莎白女王居然阻止我回到自己的祖国,这真让我难受。而她拒绝我的理由居然是我不放弃我与生俱来的权利。首先,我的身上流着英格兰王室的血液,因此,英格兰王位继承权是我与生俱来的权利,无论如何,我都不应该放弃它;第二,虽然我有英格兰的王位继承权,但我从未想过推翻我的表姑伊丽莎白女王的统治。第三,现在,我的英格兰王位继承权不仅与我本人息息相关,更是与苏格兰王国的利益紧密相连,因此,为了苏格兰,我也不能轻易地放弃我的权利。当然,如果我能够回到苏格兰,我会与苏格兰人民商谈此事,如果他们同意,那么我就会放弃这项权利。"

"现在,我想为我的请求道歉。同时,我也想明白了,其实,我根本没必要这样做,因为,回国是我的自由,我相信,即使没有任何人的许可,我也有权回到我的祖国,我也有能力安全地回到苏格兰。此前,您经常和我说,伊丽莎白女王希望与我友好相处,而且您还说,您认为我们友好相处对双方都有利。但现在,我已经明白了,这些都是您的观点,我的表姑可不这样认为,她对我极

第四章 遭逢不幸

不友好。可是她却忘了,她是英格兰的女王,我也是苏格兰的女王。她可以为所欲为,而我也可以做我想做的任何事情。如果我没有做好万全的准备的话,或许我会知难而退,放弃此次航行,但现在,既然我已经下定了决心,既然苏格兰人民都盼望着我的回归,那么,我只希望我的归程一帆风顺。即使我不幸落入了她的手中,即使她想随意地处置我,甚至处死我,我也无怨无悔。"

后来,在某次谈话中,驻巴黎大使思罗克莫顿又代伊丽莎白女王询问了玛丽女王的信仰问题。当时,玛丽

青年时期的玛丽女王

女王回答说："我生来就是一个天主教徒，而且我也是在这种环境中接受教育、长大成人的，因此，在有生之年，我是不会改变自己的信仰的。不过，当我回到苏格兰后，我不会因为自己的信仰而干涉我的臣民们的宗教自由，我允许他们自由信仰新教亦或天主教。"

接着，她又解释说道："一旦我改变了自己宗教信仰，那么我就会失去我的臣民的信任。他们会觉得，宗教信仰是庄严的事情，但我们的女王却变幻无常，居然轻易地改变了自己的信仰，那么，我们又怎能相信她能治理好国家呢？此外，虽然我敢说我能够非常清楚明确地发现各个派别之间的差异，但我也有幸聆听众多博学之士讨论宗教问题，认真思考过他们提出的观点。不过，到现在为止，我依然不认为我应该改变我的宗教信仰。"

 第 五 章

回到苏格兰

精彩看点

英格兰海军强大的原因之一——伊丽莎白女王的打算和担忧——伊丽莎白女王命人试探凯瑟琳王太后的态度——凯瑟琳王太后的答复——伊丽莎白女王的计划——英格兰海军集结——玛丽女王的感慨——思罗克莫顿给伊丽莎白女王的报告——凯瑟琳王太后给玛丽女王送行——浩浩荡荡的送行队伍——离别的时刻——玛丽女王的追随者们——不幸与阴影——再见，我亲爱的法国——一帆风顺的航行——大雾的掩护——暗礁遍布的危险海域——玛丽女王回到苏格兰——利思港登陆——热情的爱丁堡民众——苏格兰人的欢迎仪式——玛丽女王的感觉——身穿黑色礼服的玛丽女王——玛丽女王同父异母的哥哥詹姆斯勋爵——天主教的特定仪式——最后的晚餐——耶稣的话——天主教徒们的观点——面包的神奇变化——新教徒们的弥撒——新教徒眼中的献祭仪式——苏格兰境内的激烈对抗——新教徒们反对天主教仪式——恪守承诺的玛丽女王——玛丽女王的决心——新教徒们的反对措施——死亡威胁——荷里路德宫外的新教徒们——当机立断的詹姆斯勋爵——玛丽女王做完弥撒——离她而去的法国人——反对英格兰的玛丽女王——约翰·诺克斯觐见玛丽女王——不可控制的力量——两位玛丽小姐嫁人——伊丽莎白女王的问候信——伊丽莎白女王的狡辩——玛丽女王的礼貌回复玛丽女王准备从加莱港启航返回苏格兰，加莱位于法国北部，与英格兰的多佛尔港相对。在整个英吉利海峡中，二者之间的距离是最近的，尽管如此，但英法两国的人民还是不能从本侧看到对岸的陆地。

事实上，加莱当地并没有天然良港，甚至法国那漫长的海岸线上都没有天然良港，为此，法国人不得不修建了许多人工码头和防波堤。与之相反的是，英格兰的海岸线上却遍布天然良港，既有商用港口，又有军用港口，这也是英格兰拥有强大海军的原因之一。

确定玛丽女王返回苏格兰主政的意图异常坚决后，伊丽莎白女王非常不想让她顺利回到苏格兰。伊丽莎白女王认为，一旦她这个表侄女回到苏格兰并顺利掌权，她就会发动战争，与自己争夺英格兰的王位。因此，伊丽莎白女王希望未雨绸缪，想办法阻止这一切。可是，

加莱港一隅

第五章 回到苏格兰

在准备中途拦截玛丽女王之前，做事谨慎的伊丽莎白女王还有另外一个顾虑，那就是她拦截并囚禁玛丽女王的行为是否会激怒法国的摄政王太后——凯瑟琳王太后。此外，她也已经料到，一旦囚禁玛丽女王，苏格兰必定不会善罢甘休，虽然英格兰不惧苏格兰，但如果法国也要参与此事的话，她便不得不慎重行事。

因此，为了先试探一下凯瑟琳王太后的态度，伊丽莎白女王便命英格兰驻法国大使思罗克莫顿前去觐见凯瑟琳王太后，探知她对玛丽女王的支持程度与底线。最后，凯瑟琳王太后并没有正面回答思罗克莫顿的问题，而是简单地表示：我和年轻的法王都祝福玛丽女王，也祝福伊丽莎白女王。此外，我真诚地希望两位女王能够友好相处。不过，如果她们真的要兵戎相见的话，作为她们共同的朋友，我只能保持中立，两不相帮。

这个答复正中伊丽莎白女王下怀，因此，她立刻开始制定中途拦截玛丽女王的计划。为了更详细地了解玛丽女王的行程，她还命思罗克莫顿竭尽所能地打探玛丽女王准备出海的港口。与此同时，她命英格兰海军集结起来随时待命。不过，她给英格兰海军下达的命令却不是拦截玛丽女王的船队，而是清剿英格兰和法国海域之间的海盗。最后，她甚至煞有其事的说："这段时间以来，那里的海盗实在是太猖獗了。"

为了完成伊丽莎白女王布置的任务，思罗克莫顿专门找了一个机会觐见了玛丽女王，想从她口中套出她准备出海的地点。不过，玛丽女王清楚他这么做的目的，因此，她并没有透漏具体的信息，只是随意地发表了一些感慨，希望航行能够一帆顺风，希望上帝能够让她的船队尽可能远离英格兰的海岸。最后，她还说："无论从哪里出海，但有一点是毋庸置疑的，那就是我一定要回到我的祖国苏格兰。"

之后，思罗克莫顿也想通过其他渠道打探玛丽女王的行程计划，不过都收获甚微。最终，在回复伊丽莎白女王时，他表示："我认为玛丽女王极有可能从勒阿弗尔或加莱离开法国，出海后，她的船队应该会沿着欧洲大陆的海岸线一路向东，经过佛兰德斯和荷兰，远离英格兰的海岸线后，再折帆向北，沿着北海的东海岸航行。因此，我建议您派遣密探前往加莱和勒阿弗尔守株待兔，同时，为了保险起见，我也建议您安排一些密探密切监视法国的其他港口，留意任何一个港口的任何迹象。"

与此同时，玛丽女王也在为离开做着准备。这一天终于来临了，那时，为了给玛丽女王送行，凯瑟琳王太后专门陪同她行至圣日尔曼宫，之后，法国的许多王公

伊丽莎白女王

贵族——特别是吉斯家族的成员们组成了浩浩荡荡的送行队伍，一路陪同她来到了加莱。

在那里，他们又等待了将近一周的时间，最后，玛丽女王终于乘上了前往苏格兰的船只。这一次，陪同玛丽女王一同离开的人数很多，既包括曾经陪她一起来法国的人——如她的童年玩伴四玛丽，也包括愿意追随她前往苏格兰的法国人。此外，他们还携带了大量物品，因此，玛丽女王一行足足准备了四艘船——两艘载人，两艘载物。这四艘船中有两艘单层甲板的大帆船，船上既有大批桨手，又储存了大量木材，这样一来，一旦遭遇无风的情况，他们便可以通过火力或者人力划桨的方式驱动船只继续前进。

不过，就在玛丽女王和送行的人道别完毕，准备登上自己的单层甲板大帆船时，一个意外发生了，他们船队的一艘船被巨浪卷到了码头上，猛烈的撞击之下，船只很快沉没，船上的水手也大多遇难。这个意外事件引起了岸上人群的骚动，同时，也在玛丽女王的心中留下了阴影。当时，玛丽女王似乎感觉到了变幻莫测的命运，而在未来的许多天里，她将在这变化多端的天气里航行。后来，她独自一人来到船尾，对着船只沉没的地方喃喃自语："多么不幸啊，这真是一个不幸的征召。"接着，

玛丽女王返回苏格兰

她的情绪完全失控,不由自主地跪在甲板上,对着法国大陆的方向,用双手捂着脸,大声地抽泣着:"再见了,亲爱的法兰西!再见了,我将永远也见不到你了!"慢慢地,当她的心绪平静下来之后,她再次对着法国的方向喊道:"再见了,我亲爱的法国,再见!再见!"

接下来的十天里,玛丽女王一行一帆风顺,完全没有遭遇英格兰海军的拦截。后来,玛丽女王才知道,她所乘坐的船只曾与英格兰海军擦肩而过,当时,因为大雾的掩护,她才侥幸逃过一劫。不过,与她同行的另一艘船只就没这么幸运了,它被英格兰海军发现并拦截。不过那艘船上运载的都是财物,并没有什么重要的人。

虽然大雾保护了玛丽女王,但另一方面,因为大雾,玛丽女王所乘坐的船只也遭遇了一些危险。比如说,船只即将靠近苏格兰时,因为大雾弥漫,船只只好停止前进,并派出一些小船探测周围海域的情况。最后,大雾散去后,他们发现船只驶入了一片遍布暗礁的危险海域。幸运的是,最后,他们终于安全地驶出了那片海域,玛丽女王终于回到了阔别已久的祖国苏格兰。

1561年8月19日,玛丽女王一行人抵达苏格兰的利思港。利思港位于福思河入海口处,距爱丁堡约两英里。为了避免伊丽莎白女王掌握玛丽女王的行踪,法国

第五章 回到苏格兰

方面封锁了玛丽女王出发的时间，苏格兰方面也封锁了玛丽女王预计抵达的时间，所以，普通苏格兰民众完全没有料到他们的玛丽女王会在这个时间点回来。不过，当玛丽女王登陆利思港后，爱丁堡的民众还是第一时间得知了他们的女王回归的消息，于是，他们立刻涌出城去迎接玛丽女王。

因为玛丽女王即将入住的荷里路德宫还没有收拾妥当，所以玛丽女王不得不在利思休整一天。第二天，苏格兰政府和苏格兰民众以盛大的欢迎仪式迎接玛丽女王进入爱丁堡。不过，虽然苏格兰人已经尽力准备欢迎仪

一幅雕版画：荷里路德宫

式了，但对玛丽女王来说，和法国的盛大仪式相比，这里的欢迎仪式还是略显简陋。同时，她也清楚地意识到，她已经离开了法国，回到了苏格兰，她生活的环境已经发生了翻天覆地的变化。

为了给自己的臣民留下一个好印象，玛丽女王换下了自己在法国时经常穿的白色致哀服，换上了更符合苏格兰观念和习俗的黑色礼服。这一袭黑色长裙让美丽的玛丽女王显得更加稳重，也衬托得她更加迷人。

詹姆斯勋爵，即后来的莫里伯爵是玛丽女王同父异母的哥哥，不过，因为他的母亲与詹姆士五世的婚姻并不合法，所以他无法继承苏格兰的王位。不过，即便如此，在苏格兰，詹姆斯勋爵还是有着极大的影响力。因此，一回到苏格兰，玛丽女王便对这个同父异母的哥哥委以重任。

回到苏格兰之后的第一个星期里，在詹姆斯勋爵的帮助下，玛丽女王顺利掌握了苏格兰的大权，控制了苏格兰的走向。但是，一周之后的礼拜日，因为弥撒仪式，苏格兰国内险些爆发动乱。

在此，我认为我有必要介绍一下弥撒这个天主教的特定仪式。首先，天主教徒们特别重视弥撒，认为它庄严无比。据说，在最后的晚餐上，在向十二门徒分发面

詹姆斯勋爵

身着黑色长裙的玛丽女王

包和葡萄酒时,耶稣基督说道:"这是我的身体,现在,我把它分发给你们,请你们享用;这是我的血液,它将为你们而流。"

天主教徒认为,耶稣基督的这些话意味着,在神父主持的圣餐礼中,面包和葡萄酒产生了某种奇迹般的变化,真真切切地变成了耶稣基督的身体和血液。因此,他们认为,在圣餐礼中,撕开面包、倒出葡萄酒的行为不仅仅是一项祈祷的仪式,不仅仅是在赞美上帝,还是一次庄严的献祭,是耶稣基督为了拯救世人而自我牺牲——被钉到十字架上——的重演。此外,天主教徒们还认为,望弥撒的人不仅是为了在精神上参与仪式,还是为了见证一项奇迹,见证耶稣基督的自我奉献。

面包的献祭仪式完成后,天主教徒们认为它已经变成了耶稣基督的身体,因此,接下来,当神父端着面包绕行教堂的时候,在场望弥撒的人都应该顶礼膜拜,并真诚地赞美它。那时,他们说,在形式上,它还是面包,但实际上,它却是耶稣基督的身体。

对虔诚的天主教徒来说,弥撒仪式非常重要,被赋予了最庄严的色彩。当神父为他们奉上面包和葡萄酒时,当神父为了消除他们的罪恶而献祭时,他们就默默地站在那里,诚心诚意、满怀敬畏地在心中祈祷。天主教徒们还认为，新教的弥撒仪式丧失了弥撒的灵魂，因为他们的弥撒仪式空洞无物、死气沉沉，只有训诫、赞美诗和祈祷词，没有最庄严的献祭仪式。

而另一方面，新教徒们也非常厌恶天主教徒们的献祭仪式，他们认为这是迷信，是对弥撒的误解和亵渎。他们说："无论如何，即使得到了祝福，面包依然是面包。他们的神父说撕开面包时，耶稣基督再一次完成了自我奉献，但他们这是在欺骗信众，他们让信众膜拜面包、赞美面包的行为是在鼓励最恶劣的偶像崇拜。"

玛丽女王还在法国时，苏格兰境内的天主教徒和新教徒便展开了激烈的对抗，最终，天主教徒一败涂地，新教徒的势力大涨。接着，各种暴力行为此起彼伏，新教徒们闯入天主教徒的教堂，推倒、砸碎教堂内的圣像，甚至劫掠教堂内的财富。同时，在有心人的煽动下，他们开始激烈地反对天主教的仪式，尤其反对天主教的弥撒仪式。

虽然玛丽女王也清楚国内的形势，但她还是恪守着自己之前的承诺，极力避免用权力干涉自己臣民的宗教信仰，不过与此同时，她也坚持着自己的宗教信仰与宗教习惯。刚刚回到苏格兰时，玛丽女王就下定决心，第一，她不会强迫任何人改变自己的宗教信仰；第二，她也不允许任何人强制改变她的宗教信仰。在法国时，因为已经习惯了天主教的仪式，所以，在苏格兰时，玛丽女王依然保持着这个习惯，不过，为了照顾臣民们的情绪，她把这些天主教仪式控制在了荷里路德宫的皇家教堂内。

可是，回国的第一周，当她下令在皇家教堂按照天主教的方式举行弥撒时，苏格兰国内还是响起了此起彼伏的反对之声。

如前所述，在此之前，新教徒们便开始反对天主教的宗教仪式，可是现在，因为要举行弥撒的是他们的玛丽女王，所以，他们不能使用暴力方式威胁玛丽女王收回成命。

不过最后，他们还是想到了其他办法。首先，在仪式开始前，他们给那些将要主持仪式的天主教神父们送去了死亡威胁；第二，礼拜日那天早上，新教徒们涌到了荷里路德宫和皇家教堂附近，挤在路上阻塞交通，不让参与仪式的人们进入教堂，并粗暴地对待准备进入教堂的人们。

当时，如果不是素有威望的詹姆斯勋爵当机立断制止了新教徒们的行为，荷里路德宫和皇家教堂附近可能就会爆发流血冲突。尽管詹姆斯勋爵是个新教徒，但当

玛丽女王

他看到新教徒们的过分行为后,他立刻出现在教堂门口,站在门口一言不发,既不说什么训斥人的话,也不让任何一个新教徒进入教堂。

最后,在詹姆斯勋爵的帮助下,玛丽女王终于做完了弥撒。可是,当玛丽女王与其他人走出教堂的时候,一些跟随玛丽女王来到苏格兰的法国人却说:"这简直太恶劣了,也太吓人了,我受不了了,我再也不想待在这样一个野蛮的国家了。"之后,很多人都离开了玛丽女王,离开了苏格兰,返回了法国。

当时,著名的约翰·诺克斯是新教最强大、最具影响力的领袖之一,此人智力超群,最擅长雄辩。另外,正是在他的引导下,苏格兰才爆发了这一场反对罗马天主教的浪潮。英格兰的玛丽女王[①]登基时,约翰·诺克斯便写下了一本反对她的书——在这本书中,他说女性根本没有统治国家的权利。玛丽女王再次回到苏格兰后不久,约翰·诺克斯便前去觐见她,这次会面吸引了所有人的目光。

在会面中,约翰·诺克斯说道:"尊敬的女王陛下,首先,我想向您说明,我此前写的书只是在针对英格兰

[①] 英格兰玛丽女王是伊丽莎白女王同父异母的姐姐,她驾崩后,伊丽莎白女王方才登基,与本书的传主苏格兰玛丽女王不是同一个人。——译者注

一次宗教仪式上的约翰·诺克斯

的玛丽女王，因此，在治理国家时，您不用担心我会从中作梗。第二，您也无需介怀我所提出的理论，因为每个时代的哲学家都是如此，他们只会向真理屈服，而不会谄媚当权者。第三，我想再次重申，我并不反对您的统治，我所做的一切也都是为了这个国家。您应该也知道，如果我真的反对您的统治的话，那么，在您不在苏格兰的这段时间里，我完全可以利用自己的影响力做很多事情，完全没有必要等您回到苏格兰后再出此下策。"

虽然如此，但玛丽女王依然有些沮丧，首先，在觐见她时，约翰·诺克斯居然有一种居高临下的指点意味；第二，约翰·诺克斯那翻手为云、覆手为雨的影响力根本不是她能控制的，这让她既担忧又害怕。

与此同时，玛丽女王还要面对其他有心人的精心布局。不过，在身边人的辅助下，回到苏格兰后不久，玛丽女王还是渐渐掌握住了苏格兰的大权。

回到苏格兰后，她的童年玩伴四玛丽也陪伴了她一段时间，不过不久之后，其中的两位玛丽小姐便嫁人了，嫁给了苏格兰的两位贵族。

后来，当玛丽女王渐渐坐稳了苏格兰的王位时，她收到了伊丽莎白女王送来的问候信。在这封信中，伊丽莎白女王表达了自己的善意，祝贺玛丽女王安全、顺利

约翰·诺克斯觐见玛丽女王

地回到了苏格兰。同时，她还辩解说，那些传言说她准备派遣海军中途拦截玛丽女王的消息全是不实之言。因为没有证据，所以，尽管知道伊丽莎白女王的话不可信，但玛丽女王还是礼貌地回复了她。

第六章

玛丽女王和达恩利勋爵

精彩看点

苏格兰的风雨——莫里伯爵——抗命不遵的贵族——玛丽女王的征讨——玛丽女王的责任——勤政的玛丽女王——与贵族同乐——与日俱增的影响力——玛丽女王的独特魅力——法国人夏特拉尔——胆大妄为的夏特拉尔——玛丽女王的禁令——夏特拉尔尾随玛丽女王进入她的卧室——勃然大怒的玛丽女王——夏特拉尔之死——伊丽莎白女王的担心——伊丽莎白女王的考虑——玛丽女王面临的难题——一种相对简单的方式——教皇的特别豁免——玛丽女王的其他追求者——前往英格兰——措辞严厉的回信——詹姆斯·梅尔维尔的解释——詹伊丽莎白女王的催促与拖延——达恩利勋爵无法离开英格兰——玛丽女王致信伊丽莎白女王——历史学家们的观点——最大的受益者达恩利勋爵——威姆斯城堡——玛丽女王非常满意达恩利勋爵——坠入爱河的玛丽女王——达恩利勋爵的求婚——玛丽女王的拒绝——勃然大怒的伊丽莎白女王——伊丽莎白女王的命令——莫里伯爵反对联姻——被爱情冲昏了头脑的玛丽女王——兵谏的计划——玛丽女王得知他们的阴谋——不幸的婚后生活——玛丽女王的隐忍——苏格兰内部的叛乱——玛丽女王赢得最后的胜利——逃亡英格兰的叛乱者——伊丽莎白的要求——消失的爱情

此后的三四年里，玛丽女王经历了诸多风雨，在一件件烦心事中左支右绌。彼时，苏格兰王国内纷争不断，各个派系、各个掌权贵族都想向玛丽女王施加影响，争取到她的支持。

　　与此同时，因为她同父异母的哥哥詹姆斯勋爵的原因，玛丽女王本人也被卷入了很多纷争之中。比如说，詹姆斯勋爵希望受封为莫里伯爵，可是，莫里伯爵的封地位于苏格兰北部的因弗内斯附近，当时，那片土地以及土地上的城堡和产业属于另一个大家族。而且，当他们得知詹姆斯勋爵被封为莫里伯爵后，他们拒绝交出领地和城堡。因此，为了让哥哥詹姆斯勋爵成为名副其实的莫里伯爵，玛丽女王和詹姆斯勋爵一起率军北征，讨伐不臣，占领了那片土地，攻克了城堡，绞死了拒绝服从命令的贵族。在北征的过程中，玛丽女王麾下的士兵

玛丽女王

们犯下了累累罪行，因此，苏格兰的人们开始说玛丽女王残暴不仁。不过现在，一些历史学家们有了不同的观点，他们认为玛丽女王不应该为这些行为负责。

虽然陷入了一些麻烦之中，但我们不得不承认，在处理苏格兰王国的公共事务时，玛丽女王已经竭尽所能。当时，她常常外出巡视，从这一个城堡巡视到下一个城堡，从这一个城镇巡视到下一个城镇，短短几年中，她的足迹几乎遍布苏格兰全境。如前所述，玛丽女王的骑术很好，因此，在外出巡视时，她都是骑马行进的。当然，为了保证安全，她的身边一直跟随着一支一万八千人到两万人的皇家护卫军。我在前面也说过，苏格兰境内可以分为两大部分，爱丁堡附近的文明区和苏格兰高地的蛮荒区。在巡视时，玛丽女王不仅踏遍了苏格兰东海岸沿线的大城镇，还深入了苏格兰高地，进入了那些阴郁危险的狭窄山谷内。在巡视的途中，她也会去拜访一些贵族，去他们的私人猎场狩猎，检阅他们的部属，有时候，她也会参与他们举办的庆祝活动。

因为这些事情，玛丽女王在苏格兰的影响力越来越大，虽然苏格兰人民依然在宗教信仰方面势同水火，但他们都愿意效忠自己的女王陛下。

另外，因为她那独特的魅力，她身边的人都相当迷

玛丽女王

恋她，其中，最狂热的莫过于一个年轻的法国人夏特拉尔了。夏特拉尔是一个学者，擅长写诗，在玛丽女王离开法国时，他跟随她来到了苏格兰。此后，他一直追随着玛丽女王，并不断地写诗赞美她。玛丽女王也非常喜欢他写的诗，并且经常夸奖他。

因为这些原因，夏特拉尔便认为玛丽女王喜欢自己，所以，最终，他深深地爱上了玛丽女王，陷入爱河无法自拔，并因此做了一些疯狂的事情。一天夜里，他偷偷地来到了玛丽女王的寝宫藏了起来。不过，在玛丽女王回来之前，她的侍女先发现了他，于是，为了不惊扰到玛丽女王的休息，她们便悄悄带走了他。结果，在离开的途中，她们发现他身上居然藏着武器，这一下子，她们可吓坏了。第二天早晨，她们立刻向玛丽女王汇报了此事。

得知此事后，玛丽女王非常生气，她明确下令，禁止夏特拉尔再出现在她的面前。不过，包括宗教改革者约翰·诺克斯在内的一些人却认为，玛丽女王是在假装生气，在她的内心深处，她非常高兴，因为她有这么一个狂热的追求者。

两天后，玛丽女王准备去北方巡游，夏特拉尔也随驾前往。那时，他依然固执地认为玛丽女王喜欢他，因

第六章 玛丽女王和达恩利勋爵

此,某天,他再次找机会进入了玛丽女王的卧室。当时,玛丽女王刚刚回到卧室,看到他紧跟着自己进入卧室后,玛丽女王立刻大喊一声,唤来了自己的侍卫和随从。接着,她又命人去请莫里伯爵。

被控制住之后,夏特拉尔抗议说:"尊敬的女王陛下,我紧跟着您进入您的卧室是为了向您道歉,求得您的原谅,并向您解释我上次进入您寝宫的原因。"可是,当时那种情况下,愤怒的玛丽女王根本不听他的解释。当莫里伯爵来到后,玛丽女王命他当场处死夏特拉尔。但莫里伯爵却说:"尊敬的女王陛下,未经审判而处死一个人是不合法的,因此,您应该命我将其押入大牢,经过审判后再定罪。"几天之后,法官判处夏特拉尔死刑。不过,在临死之前,夏特拉尔坚定无畏地站在行刑台上,紧盯着玛丽女王,大喊着:"永别了,女王陛下!永别了,这个世界上最迷人也最残忍的女王陛下!"

说完了苏格兰王国内部的事情,我们再来了解一下苏格兰和英格兰之间的关系吧。虽然玛丽女王和伊丽莎白女王相互忌惮着对方,但在表面上,她们还是尽力维持着友好的状态。表面上,她们相互派驻使节,经常通信,每逢重大节日还相互问候,并在与王国相关的大事上展开多重谈判。但实际情况却是,私下里,她们都在防备着对方。

对于伊丽莎白女王来说,她最担心的是玛丽女王公开质疑她的合法性,并公开要求继承英格兰王位。因此,为了避免玛丽女王走上极端,伊丽莎白女王在竭尽全力地维护着她们之间脆弱的"友谊"。

另一方面,对玛丽女王来说,相比于通过战争解决事情,与伊丽莎白女王保持着表面的和善更有利,至少,在这种情况下,她继承英格兰王位的可能性更大。

读过《伊丽莎白女王》一书的读者们都知道,因为伊丽莎白女王一生都没有结婚,所以她又称"童贞女王"。虽然当时的玛丽女王不知道这一事实,但她预感到,现在依然没有结婚的伊丽莎白女王可能会孤独终老,到那时,因为伊丽莎白女王没有继承人,那么,作为现在英格兰王位的第二顺位继承人,她将可以名正言顺地继承英格兰王位。同时,她也希望通过与伊丽莎白女王保持亲密的关系来迷惑她,以便于让她在某一天正式承认自己的王位继承权。

她曾对伊丽莎白女王说过:"如果您能够正式承认我的王位继承权的话,如果您能够一直保持单身状态的话,那么,在您的有生之年,我也会承认您身为英格兰女王的合法地位。"但伊丽莎白女王却不同意她的建议。

头戴王冠,手握权杖的伊丽莎白女王

玛丽女王

首先,伊丽莎白女王不想受制于人。第二,虽然她依然保持着单身状态,但她并不想就此放弃自己结婚的权利。伊丽莎白女王担心,一旦她答应了玛丽女王的条件,那么,未来的某一天,当她想嫁人时,她便作茧自缚了。第三,伊丽莎白女王还有另外一个野心,她想降服玛丽女王,让其成为自己的附庸。不过,为了拖延时间,伊丽莎白女王也没有明确拒绝玛丽女王的建议,而是在无尽的考虑中无限制地拖延此事。

其实,除了玛丽女王之外,伊丽莎白女王还有另外一个竞争者玛格丽特·斯图亚特,即伦诺克斯夫人。如果说玛丽女王是英格兰王位的第二顺位继承人的话,那么伦诺克斯夫人玛格丽特·斯图亚特便是英格兰王位的第三顺位继承人。此外,因为她的关系,她的儿子亨利·斯图亚特达恩利勋爵将是玛丽女王的有力竞争者。

这样一来,一旦玛丽女王的继承权得不到承认,那么伦诺克斯夫人和他的儿子达恩利勋爵便有可能继承英格兰王位。所以,如果玛丽女王想要继承英格兰王位的话,她就必须克服这么几个困难:首先,她必须得到现任英格兰女王伊丽莎白女王的承认,并且等她百年之后再继承王位。当然,她也可以通过其他手段推翻伊丽莎白女王的统治,但这件事难于登天。第二,她必须击败

伦诺克斯夫人

亨利·斯图亚特达恩利勋爵

第六章 玛丽女王和达恩利勋爵

自己的竞争对手伦诺克斯夫人和他的儿子达恩利勋爵。

不过,除此之外,还有一种相对简单的方式,即玛丽女王与达恩利勋爵结婚,这样一来,玛丽女王一系和伦诺克斯夫人一系的继承权便统合到了一起。实际上,最后,真正继承英格兰王位的便是玛丽女王与达恩利勋爵所生的孩子——他既是苏格兰的国王詹姆斯六世,也是英格兰的国王詹姆斯一世。

虽然一些人提出了这个方案,但此事尚未有定论。达恩利勋爵是玛丽女王的堂弟,他们的血缘关系非常近,而天主教教廷是禁止这样的婚姻的,因此,除非得到教皇的特别豁免,否则的话,他们是不能成婚的。

与此同时,欧洲大陆某些国家的亲王、王子和贵族也在追求玛丽女王。首先,玛丽女王年轻漂亮,对他们很有吸引力,第二,更重要的是,玛丽女王是苏格兰的国王,如果能够迎娶她的话,他们很有可能成为苏格兰的亲王,进而将苏格兰据为己有。

为了讨好伊丽莎白女王,也因为伊丽莎白女王是长辈,所以,玛丽女王经常致信于她,就婚姻一事咨询她的建议。可是伊丽莎白女王却不断地从中作梗,阻挠玛丽女王的婚事。最后,她居然居心叵测地向玛丽女王推荐了一个人——罗伯特·达德利。后来受封为莱斯特伯爵的罗伯特·达德利是伊丽莎白女王宫廷中的一位绅士，而且他与伊丽莎白女王的关系很特殊，我们也可以称他为伊丽莎白女王的情夫。

正因为这层关系，所以，得知伊丽莎白女王居然提出这么一个建议后，很多人都推测她心怀不轨，另有阴谋，毕竟这个建议实在是有悖常理。有些人还恶意地揣测，提出这个建议的时候，伊丽莎白女王就从没想过玛丽女王会接受它。她这么做，只是想给玛丽女王造成一些麻烦，阻挠她与其他人的联姻。

不过，不知是有意还是无意，玛丽女王似乎很开心地接受了伊丽莎白女王的建议，还派出了自己在法国时的绅士侍从官詹姆斯·梅尔维尔去洽谈此事。如前所述，玛丽女王七岁时，十九岁的詹姆斯·梅尔维尔便来到了她的身边，成为她的绅士侍从官和机要秘书为她服务。现在，十五年过去了，玛丽女王已经二十二岁了，而詹姆斯·梅尔维尔也过了而立之年。这一次，为了洽谈联姻之事，也为了确定伊丽莎白女王的真实态度，玛丽女王便任命忠心可靠、行事谨慎的詹姆斯·梅尔维尔为使节，命其前往英格兰全权处理此事。

其实，对詹姆斯·梅尔维尔来说，出使英格兰也是他人生中的一件大事。后来，在晚年，颇为高寿的詹姆

罗伯特·达德利

玛丽女王

斯·梅尔维尔写了一部回忆录,回忆了自己这一生各种各样的奇特经历,并用优美的语言记录了他与两位女王——玛丽女王和伊丽莎白女王——的一些对话和会面场景。从他的回忆录中,我们发现,在英格兰时,他与伊丽莎白女王进行了多次面对面的交谈。

在英格兰,詹姆斯·梅尔维尔爵士受到了伊丽莎白女王的欢迎。在王宫附近的一个花园里,他们进行了第一次对话。一开始,伊丽莎白女王便说:"我的表侄女似乎不太懂事,此前,她给我写的信让我非常不悦。"说完这些话,她便命人取来了自己写好的回信,并当着詹姆斯·梅尔维尔的面大声读了出来。在这封回信中,伊丽莎白女王措辞严厉。读完信后,伊丽莎白又表示:"我之所以还没有寄出这封回信,是因为我觉得我的用词还不够严厉,无法让我的表侄女认识到事情的严重性,因此,我打算再写一封回信。"

詹姆斯·梅尔维尔说:"尊敬的女王陛下,我斗胆请求您让我看一看玛丽女王陛下给您的信,我想知道您如此生气的原因。"接着,在接过玛丽女王的信后,詹姆斯·梅尔维尔一边朗读其中的内容,一边站在玛丽女王的立场上向伊丽莎白女王解释。最后,在他的努力下,他终于成功安抚了生气的伊丽莎白女王,打消了她对玛

第六章 玛丽女王和达恩利勋爵

丽女王的误会,并让她撕掉了自己之前写的回信。

接着,詹姆斯·梅尔维尔便开始询问与玛丽女王的婚事有关的事情,伊丽莎白女王再次提议说她想让自己的表侄女玛丽女王与自己宫廷中的绅士罗伯特·达德利成亲。当伊丽莎白女王问到玛丽女王的意向时,詹姆斯·梅尔维尔表示:"女王陛下正在考虑此事,而且,她还打算任命两位贵族专权处理此事。同时,她也希望您能选择两人与他们对接,这样的话,他们四人便能够在两国边界具体商议此事,通盘考量此次联姻是否合适。"

听到玛丽女王的答复后,伊丽莎白女王却立刻改变了说法,她说:"其实,我还没有下定决心是否保持单身状态,如果我想嫁人的话,罗伯特·达德利也是一个不错的选择。此外,罗伯特·达德利是我的左膀右臂,我极为倚重他,不久的将来,我准备封他为伯爵。由此,你们应该可以看出我的诚意了吧,可是,我的表侄女的答复却让我失望,看来,她不怎么重视我的建议啊。"

后来,人们推测,伊丽莎白女王想让罗伯特·达德利与玛丽女王成婚的原因有二:第一,伊丽莎白女王本人十分喜欢罗伯特·达德利,而罗伯特·达德利也深爱着伊丽莎白女王;第二,一旦罗伯特·达德利成为玛丽女王的丈夫,那么,在伊丽莎白女王的有生之年,即使

玛丽女王

玛丽女王试图发动战争争夺英格兰的王位，罗伯特·达德利也一定不会让伊丽莎白女王陷入危险之中。

谈话的最后，伊丽莎白女王希望詹姆斯·梅尔维尔在威斯敏斯特宫小住一段时日，她说："我准备近期为罗伯特·达德利举行授爵仪式，到时候，我希望你也能到场观礼。"不久之后，伊丽莎白女王当真封罗伯特·达德利为莱斯特伯爵，并为其举行了盛大的授爵典礼。

当时，出席授爵大典的贵族很多，达恩利勋爵也是其中之一。那个时候，又高又瘦的达恩利勋爵刚刚十九岁。二十年前，因为某些政治原因，达恩利勋爵的父母被逐出了苏格兰，不得不流亡到英格兰，因此，虽然达恩利勋爵是苏格兰人，但他是在英格兰长大的。如前所述，因为母亲的关系，达恩利勋爵和伊丽莎白女王的关系非常近，而且他也拥有英格兰的王位继承权。其实，在伊丽莎白女王的宫廷中，他的地位很高，在重大场合中，他负责站在伊丽莎白女王的身边，为她举荣誉之剑。

在授爵仪式上，罗伯特·达德利来到伊丽莎白女王面前单膝跪下，伊丽莎白则把代表伯爵爵位的徽章挂在他的身上。授爵仪式结束后，伊丽莎白女王专门问了詹姆斯·梅尔维尔这么一个问题："你觉得我的莱斯特伯爵罗伯特·达德利如何？"詹姆斯·梅尔维尔礼貌地说

伊丽莎白女王封罗伯特·达德利为莱斯特伯爵

了一些褒奖之词。听完他的回答后,伊丽莎白女王话锋一转,指着达恩利勋爵说:"尽管如此,但我猜你更喜欢这边这个高大英俊的年轻人。"

其实,玛丽女王的既定方案之一就是与达恩利勋爵联姻,伊丽莎白女王也或多或少地猜到了这一点,因此,她才会有这么一说。不过,詹姆斯·梅尔维尔却不希望伊丽莎白女王误会,或者说不希望伊丽莎白女王猜到玛丽女王的计划,因此,他便顺势开玩笑说:"任何一位有志向的女性都不会选择这样一个人做丈夫,虽然他年轻英俊,但他却缺少了阳刚之气,相比于男士,他更像一位女士。"

其实,在这一点上,詹姆斯·梅尔维尔并不足够坦诚,因为他身上还肩负着玛丽女王的秘密指令——秘密接触达恩利勋爵的母亲伦诺克斯夫人,希望她能让自己的儿子前往苏格兰。这样一来,玛丽女王便能够亲眼见一见传说中的达恩利勋爵,以确定自己是否喜欢这个人,以确定自己是否要与他成婚。

与此同时,伊丽莎白女王也反复地向詹姆斯·梅尔维尔申明,玛丽女王应该尽快同意她的建议,尽快同意与莱斯特伯爵的婚事,她一再强调此事的重要性。

接着,在说到玛丽女王的王位继承权时,她表示:

第六章 玛丽女王和达恩利勋爵

我会命我指派的大法官和特使全权处理此事,同时,我也会竭尽所能地推进此事的进展。但是,这一切还要取决于玛丽女王的诚意,取决于她是否愿意接受这桩婚事。最后,我还想说,我希望此事能有一个圆满的结局,一个既有利于英格兰,也有利于苏格兰,既有益于我,也有利于玛丽女王的结局。"

在这漫长而无休止的谈判中,达恩利勋爵也陷入了一些麻烦事之中,因此,他也一直未能前往苏格兰。事实上,因为敏感的身份与地位,也因为英格兰的法律和苏格兰的习俗,如果没有伊丽莎白女王的允许,达恩利勋爵根本没办法离开英格兰,更别说前往苏格兰了。

最后,玛丽女王专门派人致信伊丽莎白女王,在信中,她说她愿意接受伊丽莎白女王的安排,嫁给莱斯特伯爵,但同时,伊丽莎白女王也需要通过英格兰议会正式承认自己的继承权,承认自己有权在伊丽莎白女王驾崩后继承英格兰的王位。收到信后,伊丽莎白女王回复道:"如果你真的嫁给了莱斯特伯爵的话,在英格兰,我也会授予他更高的爵位。但是,在王位继承权一事上,我恐怕无能为力,一切都要看议会的意思。"与此同时,她也准许了达恩利勋爵前往苏格兰的请求。

历史学家们普遍认为,首先,伊丽莎白女王并不想

玛丽女王

让莱斯特伯爵前往苏格兰与玛丽女王成婚；第二，她也认为玛丽女王不会接受她的提议。因此，当玛丽女王真的表示她准备接受安排时，伊丽莎白女王立刻阵脚大乱。所以，为了抽身而退，也为了给玛丽女王制造更多的麻烦，伊丽莎白女王同意了达恩利勋爵前往苏格兰的请求。她认为，当达恩利勋爵抵达苏格兰后，玛丽女王的注意力便会转移，这样一来，她便会慢慢考虑她与莱斯特伯爵的婚事。总而言之，在这场交锋中，达恩利勋爵这个高大英俊、年仅十九岁的年轻人成了最大的受益者。

达恩利勋爵抵达苏格兰后，玛丽女王去了威姆斯城堡——当时，威姆斯城堡属于玛丽女王同父异母的哥哥莫里伯爵，并在那里接见了远道而来的达恩利勋爵。威姆斯城堡位于福思河入海口的北岸，爱丁堡则位于福思河的南岸，因此，从威姆斯城堡的窗口远眺时，我们不仅可以欣赏爱丁堡的全景，还可以看到爱丁堡左侧的索尔兹伯里峭壁和亚瑟王的宝座山。

玛丽女王亲临城堡是重大的荣耀，因此，为了一睹玛丽女王的天颜，城堡附近的民众都涌到了城堡下。除此之外，他们听说，玛丽女王来此是为了等待达恩利勋爵的到来，而达恩利勋爵很有可能成为玛丽女王的丈夫。因为这些说法，他们也开始好奇起来，也想亲眼见一见

第六章 玛丽女王和达恩利勋爵

达恩利勋爵。

事实上，对于达恩利勋爵，玛丽女王非常满意。第一次会面结束后，玛丽女王曾对詹姆斯·梅尔维尔说："在我见过的所有人中，达恩利勋爵是最英俊不凡的。"的确，那个时候，年轻的达恩利勋爵还没有染上什么恶习，性格随和、举止优雅、多才多艺。因此，不久之后，他就俘获了玛丽女王的芳心。

在见到达恩利勋爵之前，玛丽女王仅仅通过政治角度考虑过他们联姻的可能，那个时候，她只想着通过联姻来锁定伊丽莎白女王驾崩之后的英格兰王位。可是现在，在见过达恩利勋爵之后，玛丽女王便被他吸引了，之后的几天里，她的脑海里全是他的身影，那时，她也开始畅想他们婚后的幸福生活。与此同时，伊丽莎白女王出尔反尔，明确拒绝了玛丽女王与莱斯特伯爵的婚事，这既让玛丽女王苦恼，又让她有了解脱的轻松。此后，她可以全身心地投入到她与达恩利勋爵的感情之中了。

之后，达恩利勋爵向玛丽女王求婚了。不过，在最开始的时候，玛丽女王拒绝了达恩利勋爵的求婚，还说自己受到了冒犯。接着，达恩利勋爵向玛丽女王献出了一枚戒指，不过玛丽女王拒绝接受。其实，玛丽女王的拒绝是同意的前奏，达恩利勋爵也明白这一点。他知道，

玛丽女王

玛丽女王希望他拿一些比戒指更重要的东西来求婚。

可是，得知此事后，远在英格兰的伊丽莎白女王却勃然大怒。首先，她致信伊丽莎白女王，明确反对她与达恩利勋爵的婚事；第二，她严令达恩利勋爵和他的父亲伦诺克斯伯爵速回英格兰。可是，伦诺克斯伯爵却回复说："尊敬的女王陛下，我认为我暂时还不能回到英格兰，因为苏格兰的天气不适合上路。"达恩利勋爵更是明确拒绝道："尊敬的伊丽莎白女王陛下，恕我不能听从您的命令，因为我已经进入了苏格兰玛丽女王的宫廷，从今之后，我只听从玛丽女王陛下的命令。"

其实，除了伊丽莎白女王之外，玛丽女王同父异母的哥哥莫里伯爵也坚决反对此事。当时，在苏格兰，莫里伯爵可谓是一人之下、万人之上，因此，他召集了大批信奉新教的贵族，与他们商议如何反对玛丽女王的婚事。最后，他们决定劝谏玛丽女王，如果玛丽女王不听的话，他们就发动兵谏。

不过那个时候，玛丽女王被爱情冲昏了头脑，准备不顾一切地与达恩利勋爵成婚。为此，首先，她给法国的支持者们送去了一封信，希望他们能够支持她；接着，她又派一位特使出使罗马，求取教皇的特别豁免；第三，她还想尽办法说服了苏格兰国内的一些人，争取到了一

伦诺克斯伯爵与家人

批支持者；最后，她已经命人开始准备婚礼了。

苦劝无效后，莫里伯爵等人决定发动兵谏。首先，他们计划在玛丽女王迎亲的路上伏击她，将她软禁起来；接着，他们再把达恩利勋爵和他的父亲伦诺克斯伯爵送回英格兰。为了执行第二步计划，他们已经和伊丽莎白女王以及她的几位大臣约定好了交人的地点。

其实，他们的计划非常周密，如果不是玛丽女王通过某种渠道提前获悉了他们的阴谋的话，或许他们真的能取得成功。可是，当时身在斯特灵堡、已经提前获悉他们阴谋的玛丽女王却选择了一个他们意想不到的时间突然出发，而且她还走了一条他们绝对没有想到的路线。就这样，玛丽女王巧妙地躲开了他们的伏击，顺利接到了达恩利勋爵等人。

二月份的时候，玛丽女王与达恩利勋爵首次碰面；六月份的时候，她巧妙地躲开了莫里伯爵等人的伏击；七月份的时候，她与达恩利勋爵举行了婚礼：从初识到步入婚姻殿堂，他们只花了六个月的时间。

玛丽女王和达恩利勋爵举行婚礼的地点是荷里路德宫的皇家教堂，当时，在一群支持自己的贵族、贵妇，以及前来爱丁堡参加婚礼的外国权贵的簇拥下，在伦诺克斯伯爵和另外一个贵族的引导下，玛丽女王进入了教

玛丽女王与第二任丈夫达恩利勋爵

堂。接着，达恩利勋爵也进入了教堂。之后，他们按照天主教的仪式举行了婚礼。婚礼上，玛丽女王的手上戴着三枚戒指，其中一枚是价值连城的钻戒。婚礼完成后，玛丽女王要留下来做弥撒，因为达恩利勋爵不是天主教徒，所以，他也提前离开了。做完弥撒，回到自己的寝宫后，各种欢祝庆典开始了，荷里路德宫陷入了一片欢乐的海洋。

不过，婚后的生活并不如玛丽女王所设想的那样幸福。虽然达恩利勋爵英俊潇洒、彬彬有礼，但令人遗憾的是，这几乎便是他的全部优点了。婚后，玛丽女王发现，他的丈夫意志薄弱，自命不凡，爱慕虚荣。与玛丽女王成婚后，他的身份与地位发生了巨大的变化，因此，不久之后，他就变得傲慢骄矜起来。某一日，当一个贵族前去拜访他时，因为不小心说错了一句话，得罪了他，他便突然拔剑，想当场杀死那个贵族。

为了照顾他，玛丽女王赋予了他相应的权力和地位，可是，他不但不心怀感激，还想当然地认为玛丽女王本就应该这么做。之后，永不满足的他又要求更多的权力。虽然玛丽女王也发现了这些问题，但最终，她还是选择隐忍，继续纵容达恩利勋爵。

与此同时，苏格兰内部再次爆发了内战。如前所述，

第六章 玛丽女王和达恩利勋爵

莫里伯爵坚决反对玛丽女王与达恩利勋爵的婚事,可是,伏击失败之后的那段时间里,他以及他的支持者没有再找到更加合适的机会。所以,玛丽女王婚后,心有不甘的他们发动了一场公开的叛乱。

为了平定叛乱,玛丽女王以苏格兰女王的名义征召了一支大军,并御驾亲征,前去平叛。当时,虽然大部分苏格兰人都支持拥有大义的玛丽女王,但莫里伯爵一方的势力也不可小觑,所以,最终,苏格兰陷入了旷日持久的内战。不过,幸运的是,最终,玛丽女王一方还是赢得了最后的胜利,莫里伯爵等人不得不流亡海外。

据说,失败之后,莫里伯爵等人想逃往英格兰,请求伊丽莎白女王的庇护。来到英格兰、见到伊丽莎白女王后,他们说:"尊敬的女王陛下,此前,您煽动我们发动叛乱,并承诺说给我们提供援助。现在,我们不幸失败了,因此,我们想请求您的庇护。"

伊丽莎白女王回答道:"你们这是污蔑,你觉得我会煽动你们反对我表侄女的统治吗?虽然你们的污蔑对我不起作用,但身为英格兰女王,我不能蒙受不白之冤。所以,你们必须在大庭广众之下,当着外国使节的面,说出事情的真相,否则的话,我将把你们驱出英格兰。"

人在屋檐下,不得不低头,不得已,这些苏格兰的叛乱分子只能公开否认伊丽莎白女王推动了苏格兰内战，并承认自己之前的话纯属污蔑。之后，伊丽莎白女王当即表示："虽然你们已经说明了真相，还了我和英格兰王国一个清白，但你们叛国的行为令人发指，给苏格兰臣民造成了深重灾难，因此，现在，我命你们这些卑鄙无耻的叛乱者立刻滚出我的国土，不要再踏上英格兰的土地。"

再说苏格兰的情况，平定叛乱之后，玛丽女王终于扫清了自己婚姻中的全部外部障碍。但是，这个时候，她与达恩利勋爵的爱情也消失不见了。尽管玛丽女王一直包容甚至纵容达恩利勋爵，但自私、无情的达恩利勋爵却完全不体谅玛丽女王。

第七章

大卫·里奇奥

精彩看点

大卫·里奇奥——萨伏依公国——盛大的仪式——萨伏依大使访问苏格兰——随行人员——大卫·里奇奥其人——成为玛丽女王的近臣——容易遭人忌恨的近臣——令苏格兰贵族生气的事——詹姆斯·梅尔维尔的建议——贵族不平衡的原因——詹姆斯·梅尔维尔的经历——大卫·里奇奥的谢意——玛丽女王的反应——苏格兰贵族们的攻击——教皇的密使——大卫·里奇奥的反应——玛丽女王的保护措施——大权在握的大卫·里奇奥——大卫·里奇奥的转变——暗流涌动——玛丽女王本人的意愿——大卫·里奇奥的行为——达恩利勋爵忽视的事情——关于玛丽女王不忠的谣言——除掉大卫·里奇奥的秘密计划——五百人的追随者——莫顿的作用——玛丽女王的房间——玛丽女王的晚餐——鲁斯温等人开始行动——病体与盔甲——发现不对的玛丽女王——为时已晚——鲁斯温等人的狡辩——玛丽女王的话——达恩利勋爵的回答——玛丽女王被软禁——鲁斯温大权在握——玛丽女王向詹姆斯·梅尔维尔求助——远离爱丁堡的城堡——玛丽女王的赦免令——鲁斯温败亡——玛丽女王回到爱丁堡——詹姆斯六世出生——英王詹姆斯一世

大卫·里奇奥是玛丽女王的近臣，他来自位于阿尔卑斯山之间的萨伏依公国。和现在一样，当时的欧洲各国也会向其他国家派驻使节，处理两国之间事关国家主权的大事。不过，与现在略有不同的是，那个时候的使节出使时总会带大批随从，离开本国与抵达目的地时，两个国家的人都会为其举行盛大的欢送仪式或欢迎仪式。1561年，玛丽女王刚刚回到苏格兰时，萨伏依公国大使携大批随从到访，而年轻的大卫·里奇奥便是萨伏依公国大使的随行人员之一。

大卫·里奇奥年轻、英俊、随和，虽然他不是贵族，没有爵位，但聪明的他很讨人喜欢。另外，大卫·里奇奥还是一名相当出色的低音歌手，有时，当玛丽女王在场时，萨伏依公国大使会命他和另外三个歌手为玛丽女王献唱。就这样，玛丽女王记住了他。

最重要的是，大卫·里奇奥精通法语和意大利语，渐渐地，玛丽女王也发现了他的才干。此前，玛丽女王身边有一位专门负责为其书写法文信件的近臣，可是当时，他想返回法国。于是，最后，与萨伏依公国大使商议后，玛丽女王便任命大卫·里奇奥接替了那个人的位置，成为她的近臣。

一般情况下，国王身边的近臣总是容易遭人忌恨，尤其是这个近臣是一个外国人时。而且，大卫·里奇奥还出身卑微，因此，玛丽女王宫廷的人不免轻视他。与此同时，年轻的大卫·里奇奥也不懂得谨慎行事，这让那些人更加反感他。

比如说，某些时候，当苏格兰贵族觐见玛丽女王时，他会们发现，大卫·里奇奥居然还在与玛丽女王交谈，而且是那种熟不拘礼的侃侃而谈，完全忽视了他们。虽然他们不敢在玛丽女王面前表示不满，但私下里，他们更加针对大卫·里奇奥了。

因为这些事情，大卫·里奇奥非常苦恼，所以他便向詹姆斯·梅尔维尔求教，请他指点一下自己。大卫·里奇奥说："尊敬的阁下，您也知道，我是女王陛下的近臣，需要帮助女王陛下处理法语文件。因为工作需要，我常伴女王陛下左右，可是最近，我发现苏格兰的贵族

大卫·里奇奥

们似乎对此颇有微词,我不知道该如何是好,想请您指点一二。"

詹姆斯·梅尔维尔回答说:"那些贵族们认为,你的所作所为远远超出了一个近臣的职责,他们觉得你获得了各项特权,这让他们很不平衡。我认为,你应该更加小心谨慎才行,当贵族们求见女王陛下时,你应该退避一二,让贵族们单独面对女王陛下。同时,在与贵族们相处时,你也应该谦虚谨慎,说话时不可太随意。另外,我认为,你应该和女王陛下说明一下这种情况,请女王陛下配合一下你。"说完自己的建议后,詹姆斯·梅尔维尔还表示:"在法国宫廷的时候,我也遭遇过与你目前的状况类似的事情,无意中卷入了类似的麻烦之中。不过,通过上述方法,最终,我成功地解决了那些麻烦。"

大卫·里奇奥非常感谢詹姆斯·梅尔维尔的建议,他说他会努力照做的。可是不久之后,他又找到了詹姆斯·梅尔维尔。这一次,他说:"尊敬的阁下,我向女王陛下提出了此事,但女王陛下并不同意您的建议,与此相反,她让我一切照旧,以前怎么做的,现在就怎么做。"

玛丽女王非常信任詹姆斯·梅尔维尔,她曾对他说:"詹姆斯·梅尔维尔,回到苏格兰后,如果你发现我在行为举止、治国方略或者具体的事务处理上有所不当的

第七章 大卫·里奇奥

话，那么我希望你能开诚布公地告诉我，让我及时发现并改正我的错误。"因此，听完大卫·里奇奥的话，詹姆斯·梅尔维尔认为他有必要向玛丽女王进谏。

于是，他找了一个恰当的机会，巧妙地与玛丽女王谈及了这个话题。不过这一次，玛丽女王拒绝了他的建议，她说："大卫·里奇奥是我的近臣，不是苏格兰王国的公务人员，他所处理的也都是我的个人私事，与政府公务无关。因此，首先，任何人都不应该插手我的私事；第二，我也不需要在这方面迁就任何人。"

虽然苏格兰的贵族们嫉妒大卫·里奇奥的真正原因是因为他对玛丽女王的影响力，但在攻击他时，他们却以大卫·里奇奥的信仰说事。他们说大卫·里奇奥是罗马教皇的密使，他来苏格兰的目的是为了对付新教。与此同时，因为他人的攻击，大卫·里奇奥更加忠心耿耿地为玛丽女王服务——他想做一个孤臣，一个只效忠于玛丽女王的孤臣。而为了保护他，玛丽女王也赋予了他很多权力。后来，他发现，随着他手中的权力越来越大，很多之前鄙视他的人开始讨好他，有些时候更是有求于他。他似乎从中看到了战胜对手的希望。

因此，虽然说最开始的时候大卫·里奇奥倾向于采纳詹姆斯·梅尔维尔的建议，但后来，当他发现战胜对手的希望后,他便转变方式,彻底成为玛丽女王的拥护者,支持玛丽女王的一切决定。接着,从玛丽女王那里获得权力后,他便利用手中的权力对付自己的敌人。因为这些原因,他与苏格兰贵族之间的矛盾越来越激烈,几乎达到了水火不容的地步。虽然他们依然保持着表面的平静,但是,一旦有机会,他们之间必然爆发你死我活的斗争。就在此时,玛丽女王要与达恩利勋爵成亲了。

因为玛丽女王本人很想与达恩利勋爵结婚,也因为苏格兰的很多贵族反对玛丽女王的婚事,所以,大卫·里奇奥便不遗余力地支持玛丽女王,为她奔走。一旦某些贵族反对玛丽女王,他便想方设法地削弱对方的力量;为了争取法国的支持,他帮助玛丽女王写了大量的法文信件;在求取教皇的特别豁免时,他更是积极奔走。在这个过程中,玛丽女王更加信任他了。与此同时,达恩利勋爵也非常喜欢他。

不过,达恩利勋爵却忽视了这么一个重要的事实,大卫·里奇奥所做的一切都是为了维护玛丽女王的利益,也是为了保障他自己的利益,一旦他与玛丽女王的利益发生冲突,大卫·里奇奥便会毫不犹豫地反对他。的确如此,婚后,当达恩利勋爵越来越肆无忌惮时,当他数次令玛丽女王伤心后,大卫·里奇奥便开始谋划着针对

身着黑色礼服的玛丽女王

玛丽女王

他了。

与此同时，因为达恩利勋爵的到来，因为大卫·里奇奥的得势，一些曾经手握大权的苏格兰贵族失势了。这些人怒气冲天，他们这些人居然被一个卑微的意大利平民和一个不足二十岁的毛头小子踩在了脚下。不过，虽然如此，但他们还是选择了暂时隐忍，等待时机。

结婚不过四个月，原形毕露的达恩利勋爵便伤透了玛丽女王的心，不仅如此，他甚至还想争夺权力，让妻子玛丽女王把国家大权移交给自己。发现了丈夫的野心之后，玛丽女王终于清醒了一些，于是，她开始防备着他。作为玛丽女王的支持者，大卫·里奇奥更是支持玛丽女王，反对达恩利勋爵。这样一来，不久之后，大卫·里奇奥便成了达恩利勋爵的眼中钉、肉中刺。

某天，一直想除掉大卫·里奇奥的达恩利勋爵对苏格兰的某位贵族鲁斯温提及了此事，并请他帮助自己想办法。鲁斯温本就憎恶大卫·里奇奥，欲除之而后快，因此，达恩利勋爵的请求正中他的下怀。

其实，鲁斯温不仅憎恶大卫·里奇奥，也讨厌达恩利勋爵。不过，当莫里伯爵等人反对玛丽女王的婚事时，他并没有参与其中，而是静观其变，甚至默许了此次联姻。在他看来，达恩利勋爵只是个乳臭未干的小孩子，

第七章 大卫·里奇奥

如果他能够控制住这个人的话,他便可以将其架空成傀儡,然后大权独揽。

不过,后来,他发现达恩利勋爵此人不仅难成大器,而且肆意妄为、不易控制。于是,他便转而寻求其他盟友,为此,他开始劝说玛丽女王赦免流亡在外的莫里伯爵。一旦莫里伯爵等人回归,一旦他和莫里伯爵结盟,他们的实力便会超过达恩利勋爵和大卫·里奇奥。可是,就在他密谋对付他们二人时,他却发现他们两人之间居然发生了矛盾,现在,达恩利勋爵居然要和他一起对付大卫·里奇奥,这简直让他喜出望外。

于是,鲁斯温便开始刺激达恩利勋爵,为此,他甚至说玛丽女王可能与大卫·里奇奥有奸情。因为这些露骨的暗示,达恩利勋爵几乎嫉妒得发狂。最后,他们共同制定了一项除掉大卫·里奇奥的秘密计划。1566年初春,他们开始实施他们蓄谋已久的周密计划。彼时,玛丽女王和达恩利勋爵完婚还不到一年。

莫顿是鲁斯温和达恩利勋爵的帮手之一,为了保证计划万无一失,他召集了大约五百人的追随者。当天傍晚,他安排这些人到荷里路德宫附近隐蔽起来。当太阳完全落山后,借着夜幕的掩护,他带着这五百人进入了荷里路德宫,在某个地方埋伏起来。

莫顿

第七章 大卫·里奇奥

当时,玛丽女王正在自己的房间内。玛丽女王的房间在一个圆形的塔楼里,它下面便是达恩利勋爵自己的房间。玛丽女王的房间在四层,达恩利勋爵的在三层,不过二者之间有一道楼梯相连,通过它,达恩利勋爵可以直接来到玛丽女王的房间内。

当晚七点钟左右,鲁斯温、达恩利勋爵和莫顿等人开始行动。首先,莫顿挟持了玛丽女王宫廷中的一位高级官员,通过他,莫顿成功地带人神不知鬼不觉地进入了荷里路德宫。接着,大约八点钟的时候,达恩利勋爵通过秘密楼梯进入玛丽女王的房间。他们事先约定好,如果达恩利勋爵突然退回来的话,那么就说明他发现了一些影响计划的因素,那么计划就暂时取消;而如果他一直没有回来的话,那么就说明一切顺利,鲁斯温和莫顿等人就应该选择一个合适的时机开始行动。当时,当达恩利勋爵进入玛丽女王的房间时,他发现玛丽女王正在用晚餐,它的两位近亲——一位绅士和一位女士,以及大卫·里奇奥也在其中。

鲁斯温和莫顿等人等了一段时间,见达恩利勋爵依然没有回来后,他们觉得时机已经成熟,于是,他们立刻率人冲上了四楼,冲向了玛丽女王所在的房间。此前,其实鲁斯温正卧病在床,但为了确保计划的顺利进行,他还是强撑着病体离开了病榻,并穿上了一套盔甲,亲自主持整个计划。当然,他这么做也有可能是因为他非常痛恨大卫·里奇奥,想亲眼看着这个人死在自己眼前。

因为穿着厚重的盔甲,所以在上楼的过程中,鲁斯温发出了一些声响。玛丽女王也听到了这些不同寻常的声音,可是为时已晚,虽然玛丽女王立刻警惕起来,但这时,鲁斯温已经带人出现在了门口。

玛丽女王虽不慌不乱,她大声质问鲁斯温意欲何为。可是,那个时候,鲁斯温用阴郁低沉的声音回答道:"尊敬的女王陛下,我们无意伤害您,但现在,我们要清君侧,我们要处决您身边的奸佞小人——大卫·里奇奥。"

那个时候,听到动静后,玛丽女王的侍卫们想涌进来保护玛丽女王,但鲁斯温和莫顿的人立刻涌了上去拦截他们。房间内,大卫·里奇奥似乎也觉察到了自己的末日即将来临,不过,当鲁斯温等人逼近时,他还是本能地躲到了玛丽女王身后,希望她能庇护自己。可是,因为当时的场景过于血腥与混乱,玛丽女王竟然昏了过去。之后,大卫·里奇奥也被一剑砍倒,被鲁斯温的人拉出去乱刀砍死了。

做完这一切之后,鲁斯温和达恩利勋爵再次出现在了玛丽女王的房间里。玛丽女王一醒,他们便开始为自

大卫·里奇奥遇刺事件

己辩解，不过，那个时候，他们并没有说大卫·里奇奥已死的事情。

经此一事，玛丽女王悲痛欲绝，她对达恩利勋爵说道："你就是这么报答我的吗？你忘了是谁赋予你权力了吗？可是现在，你却带人强闯我的房间，还带走了我最亲密的朋友。"

达恩利勋爵则歇斯底里地大吼道："我这也是为了你好，为了我们好。之前，你被大卫·里奇奥那个卑鄙小人蛊惑了，你居然认为他是最值得信任的人，你居然因为他而疏远了我——你的丈夫。"

第二天，玛丽女王才得知大卫·里奇奥的悲惨结局，而此时，鲁斯温等人已经控制了苏格兰的大局。因为他们发现玛丽女王情绪不稳、不能视事，所以，他们便软禁了她，推举达恩利勋爵为政府首脑，通过这种方式掌握了苏格兰的大权。

第二天上午十点，当詹姆斯·梅尔维尔经过玛丽女王所在的房间时，趁着看押人员松懈的时机，玛丽女王叫住了詹姆斯·梅尔维尔，请他去向爱丁堡的市长求助，调集爱丁堡内的军队来荷里路德宫救驾。最后，玛丽女王还说道："快点去吧，詹姆斯·梅尔维尔先生，不然的话，门口的卫兵就该盘问您了。"

达恩利勋爵与他的弟弟查尔斯·斯图尔特

果不其然，就在这时，两个卫兵向詹姆斯·梅尔维尔走来。不过，当他们盘问詹姆斯·梅尔维尔时，他说自己打算去宫廷外的教堂，因此，他们便放他离开了。之后，詹姆斯·梅尔维尔见到了爱丁堡的市长，并传达了玛丽女王的口谕。但爱丁堡的市长却推脱说他不敢这么做。

两天之后，达恩利勋爵去探望被软禁的玛丽女王。见到她后，他辩解说他与此前的事件无关。与此同时，玛丽女王也劝他帮助自己脱困。她说："无论我们有多少矛盾，但我们的利益是一致的，而你永远无法与鲁斯温等人走到一起，因为他们只是想利用你达到他们不可告人的目的。"其实，当时的达恩利勋爵也已经意识到了这一点，这些天里，他就如同一个傀儡一般，真正的大权全掌握在鲁斯温手里。

于是，他们制定了一个出逃计划，并顺利地逃出。接着，他们来到了远离爱丁堡的一座城堡中——这座城堡的主人是玛丽女王的支持者。之后，在那里，玛丽女王发布了勤王令，召集了一支大军准备平叛。为了响应玛丽女王的号召，苏格兰各地的民众纷纷涌到她的旗下。后来，为了更加快速地结束战乱，玛丽女王赦免了之前的叛乱者，即莫里伯爵他们这些人，将他们召回了苏格

愛丁堡一隅

兰并委以重任，命他们与她一起平叛。最后，在两股势力的夹击下，鲁斯温等人狼狈出逃。

再次平定叛乱后，玛丽女王的王驾又一次回到了爱丁堡。之后，大约七个月后，玛丽女王的儿子，后来的苏格兰国王詹姆斯六世出生了。最后，当玛丽女王死于英格兰，英格兰的伊丽莎白女王也驾崩后，詹姆斯六世继承了英格兰的王位，成为英王詹姆斯一世，完成了母亲玛丽女王一生未尽的愿望。

第八章

博思韦尔伯爵

精彩看点

对玛丽女王非常重要的几个人——博思韦尔伯爵其人——博思韦尔伯爵在苏格兰的沉浮——玛丽女王的儿子——两个国家的王位继承权——高兴的苏格兰民众——假装高兴的伊丽莎白女王——伊丽莎白女王后悔了——玛丽女王体会到了做母亲的喜悦——不近人情的达恩利勋爵——玛丽女王出巡——达恩利勋爵的计划——离婚的建议——玛丽女王拒绝离婚——玛丽女王这么做的原因——儿子最重要——博思韦尔伯爵和莫里伯爵的矛盾——一切都是因为权力——博思韦尔伯爵受伤——与达恩利勋爵有关的谣言——离开苏格兰的准备——篡权的计划——达恩利勋爵病倒了——玛丽女王赶往道格拉斯——玛丽女王的建议——达恩利勋爵同意返回爱丁堡——玛丽女王经常探望达恩利勋爵——荷里路德宫的婚礼——高兴的博思韦尔伯爵——苏格兰贵族们的默许——半路劫持——邓巴城堡的十天——玛丽女王的训斥——博思韦尔伯爵的话——发誓与威胁——无可奈何的玛丽女王——自愿还是武力胁迫——玛丽女王的表态——简单的秘密婚礼——无法说服对方——谜案与不幸

在之前的两章中，我向读者们介绍了达恩利勋爵和大卫·里奇奥这两个对玛丽女王至关重要的人，在接下来的两章中，我将向读者们介绍一下另一个在玛丽女王的一生中扮演极其重要角色的人——博思韦尔伯爵。博思韦尔伯爵是一个桀骜不驯、精力旺盛的人，当他下定决心要做某件事情后，他一定会不达目的誓不罢休，有时，他甚至会完全不计后果。

玛丽女王从法国返回苏格兰时，他在苏格兰的势力已经不可小觑。不过后来，因为一些原因，他被放逐出了苏格兰。可是后来，玛丽女王又召回了他并委以重任。

当鲁斯温等人发动叛乱、攻入荷里路德宫、软禁玛丽女王、杀死大卫·里奇奥时，他也在荷里路德宫。当时，因为他素与莫顿有隙，所以，当他得知领兵的是莫顿后，他立刻想办法逃了出去。不过，当玛丽女王脱困并发布勤王令后,他立刻率领一支部队赶到玛丽女王身边,积极地与鲁斯温等人作战。

在平叛过程中,博思韦尔伯爵立下了赫赫战功,因此,玛丽女王便把邓巴城堡赏给了他。坚固的要塞邓巴城堡坐落于苏格兰东海岸,建在一个海角之上。站在城堡窗口极目远眺,北海尽在脚下。

绘于 19 世纪的邓巴城堡遗址

玛丽女王所处的那个时代,苏格兰和英格兰的边境线附近动荡不安,是两国盗贼、海盗等不法分子的天堂。

第十一章 漫长的囚禁

一旦苏格兰王国想清剿国内的盗贼，他们便流窜到英格兰，一旦英格兰想清剿国内的不法分子，他们便跑到苏格兰。因为英格兰和苏格兰素来不和，所以他们基本不可能联合行动，这样一来，那些不法分子便逍遥法外。除此之外，两国边境的人民也常常越过边境去袭击敌国的人，掠夺他们的财产。

平定了鲁斯温的叛乱后，经过一段时间的调整，苏格兰王国内部日趋稳定，因此，玛丽女王便命博思韦尔伯爵前去边境线视察——她希望博思韦尔伯爵能把国内的不法之徒赶到英格兰去。

在上一章中，我提到了玛丽女王的儿子——未来的苏格兰国王詹姆斯六世和英格兰国王詹姆斯一世——出生了，无论是对于苏格兰王国来说，还是对于英格兰王国来说，他的诞生都意义非凡，因为他一出生便同时拥有了英格兰王国和苏格兰王国的王位继承权。如果伊丽莎白女王在驾崩前没有留下后嗣的话，那么这个婴儿将继承英格兰王位。

小王子出生之后，整个苏格兰都陷入了欢乐的海洋。远在英格兰的伊丽莎白女王也得知了此事，此后，她也做出了一幅非常高兴的样子，还给玛丽女王发去了祝贺的信件。可是，根据当时在场人员的回忆，人们认为，那时的玛丽女王非常不悦，她的脸上甚至出现了后悔的神色——后悔放达恩利勋爵前往苏格兰。

儿子出生后，玛丽女王充满了做母亲的喜悦，可是不久之后，因为达恩利勋爵不近人情的做法，玛丽女王又增添了许多烦恼。最后，1566年的整个秋季，玛丽女王都在巡游，从一个城堡巡游到另一个城堡。而那个时候呢，达恩利勋爵却肆无忌惮地享乐、纵情声色。

儿子出生后，达恩利勋爵想让玛丽女王交出权力，把苏格兰的国家大事交给他处理，专心致志地抚养他们的孩子。为了达到这个目的，他几乎不择手段。比如说，有一次，他威胁玛丽女王说："如果你不同意我的要求的话，我将离开苏格兰，前往法国定居。"为此，他还专门做了细致的准备，很多人都误以为他真的要离开。可是最后，他根本没去什么法国，而是去了苏格兰的斯特灵城堡。或许是玛丽女王的挽留有了效果吧，虽然玛丽女王和达恩利勋爵的情分已经消耗殆尽，但她依然不希望达恩利勋爵离开苏格兰。当然，更有可能的是，达恩利勋爵根本不想离开苏格兰去法国。

来到斯特灵城堡后，达恩利勋爵发现他上述的方法都没有取得自己想要的效果，于是，他开始采取另外一些手段。比如说，他给欧洲那些信奉天主教的国家的国

玛丽女王的儿子

18世纪的斯特灵城堡

第十一章 漫长的囚禁

王写信,希望他们能够帮助自己。他承诺说,一旦他掌握了苏格兰的大权,他就会采取有效措施,让苏格兰的民众改信天主教,并将天主教确定为苏格兰王国的国教。此外,在苏格兰,他还努力发展自己的势力,试图与玛丽女王分庭抗礼,甚至想着凭借自己的力量彻底击败玛丽女王。

他的所作所为伤透了玛丽女王的心,也让苏格兰政府中的一些人警惕。最后,经过多方权衡后,苏格兰政府中的一些人建议玛丽女王与达恩利勋爵离婚。可是,玛丽女王却不这样想,她知道,离婚对她有利,但却未必有利于她的儿子。当时,对她而言,儿子才是最重要的,为了儿子,她可以忍受丈夫的无情。

与此同时,博思韦尔伯爵和莫里伯爵的矛盾也愈演愈烈,而他们矛盾的起源也是因为玛丽女王,或者说,也是因为权力。读者们应该还记得,曾经有那么一段时间,玛丽女王非常倚重她同父异母的哥哥莫里伯爵,可是现在,她更加倚重博思韦尔伯爵,这让莫里伯爵非常愤怒。同时,对博思韦尔伯爵来说,莫里伯爵也是一个潜在的对手,所以他必须提防这个可能会在权力上超过自己的人。

后来,当玛丽女王在外巡游时,她得知了这么一件事：为了驱逐苏格兰境内的暴徒，在苏格兰和英格兰的边境线上的战斗中，博思韦尔伯爵受伤了。得知此事后，玛丽女王立刻改变巡游路线，专程来到了边境线探望博思韦尔伯爵。

因为此事，苏格兰开始出现一些针对玛丽女王和博思韦尔伯爵的流言。不过，因为此事，也因为其他原因，更因为玛丽女王的魅力，虽然玛丽女王是有夫之妇，博思韦尔伯爵本人也是有妇之夫，但博思韦尔伯爵还是不由自主地爱上了玛丽女王。最后，为爱而疯狂的博思韦尔伯爵甚至想除掉玛丽女王的现任丈夫达恩利勋爵，然后取而代之。

为了实现自己的计划，博思韦尔伯爵开始寻找支持者。虽然大多数苏格兰贵族都非常讨厌达恩利勋爵，但他们并不想参与此事，毕竟谋杀女王的丈夫需要承担很大的风险。不过，莫顿却坚定地支持博思韦尔伯爵。当然，后世的历史学家们推测，莫顿此举是为了表忠心，如前所述，他与博思韦尔伯爵有旧怨，但现在，博思韦尔伯爵如日中天，而他则是叛贼余孽，因此，他支持博思韦尔伯爵主要是为了向他表忠心。

此时，苏格兰内还流传着许多与达恩利勋爵有关的谣言。比如说，他的确准备离开苏格兰，为此，他已经

第十一章 漫长的囚禁

准备好了一艘船,并将其停泊在了克莱德河上。再比如说,达恩利勋爵准备利用他与玛丽女王的儿子胁迫玛丽女王退位,让位于他们的儿子,然后,他再以摄政王的身份管理苏格兰。总而言之,当时,既因为达恩利勋爵的各种所作所为,也因为有心人的推波助澜,各种不利于达恩利勋爵的谣言漫天飞。

就在这漫天的谣言中,身在荷里路德宫的玛丽女王突然接到了这么一则消息——身在格拉斯哥的达恩利勋爵病倒了。因为消息上说达恩利勋爵的病情十分危急,所以,一得知这个消息,玛丽女王便立刻前往格拉斯哥,赶到了达恩利勋爵的身边。

在那里待了一段时间后,玛丽女王提议达恩利与自己一起返回爱丁堡,她说:"相比于格拉斯哥,爱丁堡的条件更好一些,在那里,你能够得到更好的照料。同时,在你的康复期里,我也能够时常陪伴在你身边。"达恩利勋爵同意了玛丽女王的建议,因此,最终,他们一起回到了爱丁堡。不过,因为达恩利勋爵大病初愈,不能骑马,所以玛丽女王便命人专门为达恩利勋爵设计了一顶软轿,并命四个人以一种极为缓慢悠闲的节奏抬着这顶轿子赶往爱丁堡。

虽然回到了爱丁堡,但达恩利勋爵并不想回到荷里

18世纪的格拉斯哥

第十一章 漫长的囚禁

路德宫。首先，他与玛丽女王宫廷中的贵族们依然存在着不可调和的矛盾；第二，虽然他已经康复了，但他得的是具有传染性的疾病——现在人们推测他得的可能是天花，因此，他暂时不想接触自己的儿子，免得把自己的疾病传染给他。为此，玛丽女王先一步回到了爱丁堡，亲自为他挑选了一处住所。

玛丽女王为达恩利勋爵挑选的住宅被称为柯克·欧菲尔德，紧邻着爱丁堡的城墙。这个住宅有两层四套房间，其中，第一层的两套房间中间隔着一条过道，而且其中一套房间是厨房。另一套房间是玛丽女王的备用卧室，这样一来，无论何时，只要她来到了柯克·欧菲尔德，她便有休息的地方。第二层也有两套房间，其中，厨房上面的那套房间是仆人们的卧室，玛丽女王备用卧室上面的那套房间便是达恩利勋爵暂时生活的地方。

如前所述，博思韦尔伯爵想除掉达恩利勋爵，现在，他的机会来了。当达恩利勋爵住进柯克·欧菲尔德后，他便开始密谋炸掉这所住宅，将生活在里面的达恩利勋爵送上西天。

为了完成这个计划，他招募了一些亡命之徒，法国人帕里斯便是其中之一。其实，此前，帕里斯一直追随博思韦尔伯爵，为他效力。这一次，为了实施自己的计划，

玛丽女王

当达恩利勋爵回到爱丁堡后,博思韦尔伯爵便带着帕里斯求见了玛丽女王,并向她推荐了帕里斯,想让他为达恩利勋爵服务,掌管柯克·欧菲尔德的钥匙。

对于博思韦尔伯爵的表态,玛丽女王非常高兴,因此,帕里斯便成功得到了柯克·欧菲尔德的所有钥匙,之后,他更是利用职务之便配置了一份钥匙。这样一来,他、博思韦尔伯爵以及其他亡命之徒便可以神不知、鬼

博思韦尔伯爵

第十一章 漫长的囚禁

不觉地进入柯克·欧菲尔德安放炸药了。为了掩人耳目,博思韦尔伯爵使用的炸药全是从他自己的城堡邓巴城堡运送来的。

达恩利勋爵回到爱丁堡后的一段时间里,玛丽女王经常前往柯克·欧菲尔德探望他,有时也会住在那里。后来,某个礼拜日,因为玛丽女王的荷里路德宫要举行一场婚礼——婚礼的双方是玛丽女王最宠信的侍从,所以,玛丽女王不仅大度地让他们在荷里路德宫成亲,还准备亲自出席婚礼。所以,婚礼的前一天傍晚,玛丽女王便离开了柯克·欧菲尔德。

后来,一些反对玛丽女王的人认为,玛丽女王知道博思韦尔伯爵所谋划的一切,甚至于荷里路德宫的那场婚礼都是有意而为。这样一来,玛丽女王就可以名正言顺地离开危险的柯克·欧菲尔德,回到安全的荷里路德宫;这样一来,博思韦尔伯爵便可以放手施为。

不过,玛丽女王的支持者却不这么认为,他们认为玛丽女王根本不知道博思韦尔伯爵的计划,而为了避免误伤玛丽女王,博思韦尔伯爵一直在小心谨慎地观察,耐心地等待合适的时机,而那场婚礼便给他提供了这么一个恰当的时机。

当时,博思韦尔伯爵住在荷里路德宫,他要用到的火药就藏在他的房间里。礼拜日那天，太阳刚刚落山，他便命人把藏在自己房间里的火药运送到了达恩利勋爵生活的柯克·欧菲尔德，并将其藏在了一个隐秘的地方。为此，他专门准备了一辆马车，而且，为了保证火药的分量充足，这辆马车往返了两次。

后来，当玛丽女王出现在婚礼现场——荷里路德宫的大厅时，博思韦尔伯爵也赶了回来，与此同时，我之前提及的法国人帕里斯也跟在博思韦尔伯爵的身边。不过，见到玛丽女王后，做贼心虚的帕里斯突然害怕了，脸上出现了不自然的神情。博思韦尔伯爵先一步发现了这种情况，于是，他带着帕里斯来到一个无人的角落，严厉地警告了他。那时，深受良心折磨的帕里斯说自己病了，病得很严重，希望博思韦尔伯爵能允许他提前离开。可是博思韦尔伯爵却没有正面回答他，而是命这个可怜人跟着自己。接着，博思韦尔伯爵回到了自己的房间，换了一身衣服。此前，为了参加婚礼，他穿着丝绸做的宫廷服饰，现在，为了晚上的行动，他换上了一身更合适的衣服。换好衣服后，他带着一些人离开了荷里路德宫，来到了爱丁堡的城墙边，出现在了柯克·欧菲尔德外。

接着，他们溜进了柯克·欧菲尔德，找到了提前藏

第十一章 漫长的囚禁

好的火药,并将之放置到足以炸死达恩利勋爵的地方。最后,他们点燃了引线,跑到了安全的地方。之后,轰的一声,火药终于爆炸了,那个瞬间,火光甚至照亮了爱丁堡的上空。因为雷鸣般的爆炸声,爱丁堡的民众都被惊醒了,目瞪口呆地望着声音传来的方向。

亲眼见证了火药爆炸的威力后,博思韦尔伯爵确定达恩利勋爵再无生还的可能,因此,他便兴高采烈地回到了荷里路德宫自己的房间,高兴地饮下了一杯酒,心满意足地宽衣休息了。

半个小时后,玛丽女王的传令官叫醒了他,并告诉他说达恩利勋爵生活的柯克·欧菲尔德毁于一场大爆炸,达恩利勋爵本人更是因此而丧生。得知这个消息后,他立刻下了床、站了起来,故作惊讶地喊道:"什么!"

就这样,伤透了玛丽女王心的达恩利勋爵死了,玛丽女王似乎得到了解脱。不过,一想到女王的丈夫竟然死于大爆炸,苏格兰人便不寒而栗。因为此事过于重大,所以玛丽女王下令彻查此事,并悬赏通缉要犯。

不久之后,苏格兰王国内便谣言四起,而且大部分谣言都说博思韦尔伯爵便是幕后凶手。达恩利勋爵的父亲伦诺克斯伯爵要求玛丽女王逮捕博思韦尔伯爵,并请求法庭审判定罪。虽然博思韦尔伯爵被关进了监狱,之

柯克·欧菲尔德爆炸案现场

第十一章 漫长的囚禁

后更是被押到了法庭上,但因为博思韦尔伯爵本人的威胁,也因为博思韦尔伯爵支持者的阻挠,没有足够武力支持的伦诺克斯伯爵根本不敢出庭指控博思韦尔伯爵。就这样,因为原告无法出庭,也因为原告拿不出有力的证据,最后,身为被告的博思韦尔伯爵被无罪释放。之后,博思韦尔伯爵立刻当众说道:"现在,法庭已经证明了我的清白,如果还有人再拿此事攻击我的话,我必然与他不死不休。"就这样,博思韦尔伯爵用半暴力的方式获得了自由,封住了天下的悠悠众口。

1567年2月,达恩利勋爵死于大爆炸,1567年4月,博思韦尔伯爵被无罪释放。此后不久,博思韦尔伯爵立刻采取行动开始追求玛丽女王。此前,他已经与自己的妻子离婚,因此,现在,他开始把自己打算与玛丽女王结婚的事情透露给苏格兰的主要贵族,以取得他们的支持。或者是因为惧怕博思韦尔伯爵,又或者是不想树立他这么一个强敌,再或者是不想招惹他这样一个亡命之徒:总而言之,苏格兰的贵族们都默许了他对玛丽女王的追求。

1567年4月底,在一队护卫的保护下,玛丽女王带着随从人员离开了斯特灵城堡,准备返回爱丁堡。可是,行至中途,博思韦尔伯爵却突然带着五百人出现在了玛丽女王面前。拦截下玛丽女王一行人之后,他直接拍马来到玛丽女王的坐骑前,直接抓住了它的缰绳,强迫玛丽女王跟他离开。同时,他的部下也俘虏了玛丽女王的随侍和护卫。最后,博思韦尔伯爵把玛丽女王带到了自己的邓巴城堡,接下来的十天里,他一直纠缠着玛丽女王,向她求婚,希望她能下嫁于他。

最开始的时候,玛丽女王严厉地斥责了博思韦尔伯爵,说他无礼、暴力的做法完全辜负了她的信任,完全对不起她之前的恩泽。可是,博思韦尔伯爵却回答说:"尊敬的女王陛下,我也知道我的行为粗鲁,对于您来说的确是大逆不道,可是,我也是被逼无奈才不得不出此下策的啊。我对您的爱太强烈了,它驱使我不顾一切地做了之前的事情。现在,它又让我向您求婚——我希望您能成为我的妻子。"

接着,他又发誓说:"您放心吧,我不是达恩利勋爵那种忘恩负义的人,与您结为夫妻后,我永远都不会觊觎您的权力的,不仅如此,那之后,我将是您最忠心的仆人,您说什么,我就做什么。"

最后,他又说:"在爱情的驱使下,我做了之前的事情,那时,我明知那些事情大逆不道、罪该万死,可是我还是义无反顾地做了。现在以及未来,我也无法保

第十一章 漫长的囚禁

证我还会做出什么事情。"

虽然玛丽女王想尽了一切办法,但在博思韦尔伯爵的邓巴城堡中,玛丽女王势单力薄、孤立无援。到后来,博思韦尔伯爵又说:"尊敬的女王陛下啊,与您之前的婚姻不同,这一次,苏格兰的所有贵族都支持我们。"说完,他还拿出了一份书面文件,上面写满了苏格兰贵族的签名。最后,不得已,玛丽女王不得不同意了他的求婚。为此,反对玛丽女王的人说她和博思韦尔伯爵早有奸情,不过,支持玛丽女王的人坚持认为,这一切都是因为博思韦尔伯爵的武力胁迫。

十天之后,博思韦尔伯爵"护送"着玛丽女王离开了邓巴城堡,与她一道前往爱丁堡。抵达爱丁堡后不久,在一个公共场合上,玛丽女王表示之前的事情完全是一场误会,请人们不要怪罪、也不要误会博思韦尔伯爵。接着,1567年5月,即达恩利勋爵死后三个月,她与博思韦尔伯爵举行了一场简单的秘密婚礼。

直到现在,人们依然在争论玛丽女王是否知道达恩利勋爵之死的真相,是否参与了博思韦尔伯爵的密谋,也一直在争论她嫁给博思韦尔伯爵是出于自愿,还是受到了胁迫。不过,无论有多少人参与争论,无论这些争论者发表了多少长篇大论,他们依然无法说服对方。

玛丽女王

其实，这只是漫长历史的众多谜案之一，也是玛丽女王的众多不幸之一。因为此事以及其他众多的不幸，人们都或多或少地同情我们这位不幸的传主——玛丽女王。

第九章

博思韦尔伯爵之死

精彩看点

荒诞不经的事情——人们怜悯玛丽女王——玛丽女王反对者们的观点——一出戏——法国方面的反应——反驳者们的观点——控制着一切的博思韦尔伯爵——并非本意的宣称——联合起来的苏格兰贵族——苏格兰人民在行动——傲慢狂妄的博思韦尔伯爵——博思韦尔伯爵的计划——詹米森王子——博思韦尔伯爵的话——贵族联盟——玛丽女王的命令——贵族们的观点——行动起来的苏格兰贵族和人民——兵发爱丁堡——博思韦尔伯爵的担忧——撤至博思威克城堡——博思威克城堡的位置——步步紧逼——博思韦尔伯爵撤回邓巴城堡——玛丽女王的勤王令——不肯善罢甘休的贵族联盟——卡伯里山——勒·克罗克的努力——贵族们的反驳与劝说——失望的勒·克罗克——博思韦尔伯爵提议决斗——关于决斗的谈判——决斗的人选问题——反复的莫顿——玛丽女王的提议——格兰奇领主——贵族联盟的要求——玛丽女王的想法——玛丽女王来到贵族联盟的营地——被软禁的地点——爱丁堡市民的怜悯——被转移至荷里路德宫——博思韦尔伯爵的情况——逃往苏格兰高地——苏格兰北部的海岛——生死时刻——丹麦远征军——博思韦尔伯爵的最后日子

玛丽女王和博思韦尔伯爵的事情简直比小说还荒诞不经：最开始的时候，博思韦尔伯爵是谋杀玛丽女王丈夫的嫌疑人，后来，他又大不敬地挟持了玛丽女王，可是最后，玛丽女王却嫁给了他。不过，虽然如此，但无论是当时，还是后来或者现在，人们都很少指责玛丽女王，对于玛丽女王，他们更多的是怜悯。

但是，凡事都有例外，即使到了现在，依然有一小部分人认为玛丽女王不值得怜悯，他们说玛丽女王亲自参与或者默许了博思韦尔伯爵谋杀达恩利勋爵的事情，之后，博思韦尔伯爵的挟持、玛丽女王的拒绝不过是他们合作演的一出戏。

这些人说，达恩利勋爵死后不久，法国方面也得知了此事，此后，玛丽女王那些身在法国的亲朋好友纷纷写信安慰他，年轻的法王或者说摄政的凯瑟琳王太后还专门命老成持重、德高望重的勒·克罗克为特使出使苏格兰，查明达恩利勋爵之死的真相，帮助玛丽女王走出苏格兰的泥潭。可是，勒·克罗克抵达爱丁堡的第二天，玛丽女王便和博思韦尔伯爵举行了秘密婚礼。

不过，反驳者们则认为，那段时间里，爱丁堡其实在博思韦尔伯爵的控制之下——他在爱丁堡城内及其周围布置了重兵。他这么做，一方面是为了防止玛丽女王逃出自己的手掌心，一方面也是为了向玛丽女王施压，让她按照自己的意愿做事。所以，虽然玛丽女王公开宣称自己已经自由，她是心甘情愿地与博思韦尔伯爵结婚的，但实际上，这一切都不是她的本意。因为这些原因，苏格兰贵族和民众都非常憎恨博思韦尔伯爵，一些实力强大的贵族联合在了一起，准备一同反对博思韦尔伯爵，苏格兰民众也组织起来，准备营救他们的玛丽女王。

面对这些情况，专横跋扈的博思韦尔伯爵不仅没有想办法安抚贵族和民众，还计划着兵发斯特灵城堡，将玛丽女王的儿子詹姆斯王子也控制在手中。当时，玛丽女王的儿子詹姆斯王子生活在斯特灵城堡，有专人负责照顾他的生活，也有专人负责他的教育事宜。博思韦尔伯爵曾对自己的追随者们说："一旦我们把詹姆斯王子控制在手中，那么，苏格兰便是我们的了。到了那个时

身着王室礼服的玛丽女王

候,詹姆斯王子能做什么呢?他能救出自己的母亲吗?他能为父报仇吗?哈哈,不能!"

为了维护自己的利益,对抗野心勃勃的博思韦尔伯爵,苏格兰的其他贵族联合了起来,开始征召自己的军队。所有的迹象都表明,一场大战即将爆发。

1567年5月,玛丽女王和博思韦尔伯爵举行了简单的秘密婚礼,两周之后,苏格兰内部便出现了泾渭分明的两大派系,玛丽女王和博思韦尔伯爵——或者说控制着玛丽女王的博思韦尔伯爵——是一派,联合在一起反对博思韦尔伯爵的苏格兰贵族们是一派。虽然这两派势同水火,但他们都宣称自己效忠于玛丽女王,效忠于苏格兰王国。

可是,博思韦尔伯爵控制着玛丽女王,挟天子以令诸侯,掌握着大义名分,因此,实际上,博思韦尔伯爵一派占据着优势。现在,经常批判玛丽女王的人说:"博思韦尔伯爵总是以玛丽女王的名义发布命令,那么,在这些事情上,玛丽女王本人又该负多少责任呢?她真的是被逼迫的吗?"

婚后大约两周,玛丽女王发布了一则命令,命苏格兰国内的贵族们率部前往梅尔罗斯集结,随她一起前往苏格兰边境镇压叛乱。但苏格兰贵族们却认为这是博思

第九章 博思韦尔伯爵之死

韦尔伯爵的调虎离山之计,当他们率部远离斯特灵城堡后,他便率一支轻兵直取斯特灵城堡,挟持依然待在那里的詹姆斯王子。

不久之后,此类的谣言便传遍了苏格兰,因此,为了护卫詹姆斯王子,苏格兰的贵族们不仅没有率部前往梅尔罗斯,反而直接赶到了斯特灵城堡附近,苏格兰民众也向那里汇聚而去。当他们的实力超过博思韦尔伯爵之后,他们便转守为攻,向爱丁堡逼近。

那时,狂妄自大的博思韦尔伯爵似乎清醒了。首先,他担心城外的敌人攻城;第二,他更担心城内的人民响应城外的人,与他们里应外合地打开爱丁堡的大门,直接包围荷里路德宫。于是,他开始考虑撤退事宜。

除了邓巴城堡之外,博思威克城堡也属于博思韦尔伯爵。这个坚固的城堡建在一座陡峭小山丘上,距爱丁堡仅数英里之遥。在外有大军压境、内有肘腋之患的情况下,博思韦尔伯爵决定撤出爱丁堡,撤至博思威克城堡。博思韦尔伯爵的后撤让他的对手们士气大振,于是,他们立刻率部步步紧逼,也来到了博思威克城堡下,将其围得水泄不通。见此情形,博思韦尔伯爵不得不率部突围,带着玛丽女王来到了邓巴城堡。

之后,博思韦尔伯爵立刻以玛丽女王的名义发布了

一幅雕版画：博思威克城堡

第九章 博思韦尔伯爵之死

一份勤王令,号召苏格兰民众前往邓巴城堡护卫玛丽女王,抵御"叛军"的进攻。紧跟着,博思韦尔伯爵的对手们也以玛丽女王和詹姆斯王子的名义发布了一份号召,呼吁苏格兰民众齐聚他们旗下保卫詹姆斯王子、拯救玛丽女王。

虽然一部分人去了邓巴城堡,但博思韦尔伯爵的倒行逆施实在不得人心,因此,大部分人都站在了他的对立面。1567年6月中旬,得到了新生力量的加入后,双方准备大战一场。可是,就在此时,玛丽女王却站了出来,发布了一份训斥贵族联盟的公告:"我在邓巴城堡的那十天里,你们这些人又在哪里呢?当时,我的确是被挟持进邓巴城堡的,当时,我是多么渴望你们能够前来勤王。后来,为了苏格兰王国的稳定,我改变了主意,选择了妥协,可是呢,这时,你们却召集起了军队,你们意欲何为呢?你们想再一次把苏格兰王国推入内战的深渊吗?如果你们真的忠于我、忠于苏格兰的话,那么现在,你们就应该退兵。"

可是,那些贵族们却不肯善罢甘休,而且他们还宣称玛丽女王的公告并非发自本心,这依然是博思韦尔伯爵的把戏。最后,博思韦尔伯爵不得不屯兵于卡伯里山的某处高地,准备与他们决一死战。

玛丽女王

这时，为了玛丽女王的安危，也为了把苏格兰的内战消弭于无形，那位德高望重的法国大使勒·克罗克离开了爱丁堡，来到了卡伯里山四处奔走、多方斡旋。首先，他来到博思韦尔伯爵的营地，觐见了玛丽女王，请她授权自己全权处理此事。接着，他又来到贵族们的营地，请求他们退兵，并承诺说玛丽女王会既往不咎，宽恕他们的所作所为。

但这些人却回答说他们没有做错什么，问心无愧的他们不需要玛丽女王的宽恕。接着，他们又申明道："我们这么做也是为了拯救女王陛下，博思韦尔伯爵的狼子野心昭然若揭，我们怎么能够让这样一个人掌握大权呢？"最后，他们还说："尊敬的勒·克罗克阁下啊，您来苏格兰不就是为了调查达恩利勋爵之死吗？我们可以确定，博思韦尔伯爵便是害死达恩利勋爵的凶手，我们这么做也是为了帮您惩罚凶手啊！"

此后，虽然勒·克罗克多次往返于两军营地，努力地居中调停，但面对桀骜不驯的博思韦尔伯爵和坚持己见的贵族们，他的所有努力都徒劳无功，最后，他不得不绝望地放弃了调停，沮丧地回到了爱丁堡。

之后，博思韦尔伯爵提议通过决斗解决争端。在玛丽女王生活的那个时代，通过决斗解决争端是一种比较

第九章 博思韦尔伯爵之死

常见的方式，因此，在博思韦尔伯爵发出挑战后，与他敌对的苏格兰贵族们立刻开始与其谈判，并有一两位贵族自告奋勇地准备与博思韦尔伯爵决斗。不过，最后，博思韦尔伯爵却答复说他们的身份太低，不配与他决斗。接着，他又说："如果你们阵营的莫顿愿意接受挑战的话，我倒可以下场一战。"最开始的时候，博思韦尔伯爵和莫顿素有嫌隙，后来，莫顿与他一起谋划除掉达恩利勋爵，现在，莫顿又加入了反对博思韦尔伯爵的阵营，这可真是一个反复小人，难怪博思韦尔伯爵这么恨他。不过，因为无法达成一致，决斗还是被取消了。

最后，因为双方都忌惮对方的实力，所以内战并没有爆发。为了解决对峙的问题，玛丽女王建议反对博思韦尔伯爵的贵族们推举德高望重的格兰奇领主为代表，让他与自己谈判。经过商议，那些贵族们接受了玛丽女王的建议，并提出了一些要求：首先，谈判的地点必须选在他们的营地之中；第二，玛丽女王是以他们俘虏的身份，而不是苏格兰女王的身份前来谈判的；第三，有杀害达恩利勋爵嫌疑的博思韦尔伯爵应该被放逐。因为不想看到苏格兰陷入内战的泥沼，也因为被最近的一系列事情搅得焦头烂额，所以玛丽女王并没有在意这些细节，很爽快地答应了他们提出的要求。

莫顿

格兰奇领主

玛丽女王投降后，格兰奇领主让她坐在马上，他本人则步行跟在马后，然后，他们便一起来到了贵族们的大营。来到大营，见到那些贵族后，玛丽女王说："我前来投降并不是因为恐惧，而是因为我不想看着我的子民白白流血牺牲，而且我相信，你们会以一个女王应有的礼仪来接待我。"可是，那些贵族们并没有做出正面答复，而是开始着手解决战场上的事情，之后，他们便带着玛丽女王一同回到了爱丁堡。

在玛丽女王再次回到爱丁堡前，爱丁堡的居民们已经得知了事情的来龙去脉，因此，当玛丽女王和苏格兰的贵族们进入爱丁堡后，他们立刻涌到大路两旁，想再看一看他们的女王陛下，他们这个已经沦为阶下囚的女王。

投降时，玛丽女王认为，回到爱丁堡后，他们便会让她回到荷里路德宫，但事实却出乎她的预料，他们把她押到了爱丁堡市长的住宅中，将其软禁在那里。不过后来，因为爱丁堡的民众表露出了他们对失势的玛丽女王的怜悯，所以，贵族们立刻转移了软禁地点，将玛丽女王转移到了荷里路德宫。之后，为了防止支持玛丽女王的人将她救出去，他们又开始寻找更合适的软禁地点。

说完了玛丽女王的情况，我再来说一下博思韦尔伯爵的情况吧。撤离卡伯里山后，博思韦尔伯爵回到了邓

第九章 博思韦尔伯爵之死

巴城堡。不过,一段时间后,他认为邓巴城堡也不安全,因此,他便退到了北方的苏格兰高地。

当时,苏格兰贵族们认为,对于博思韦尔伯爵这样的人来说,打虎不死反受其害,因此,他们决定斩草除根。得知他逃亡北方的苏格兰高地后,格兰奇领主亲率一支部队前去追杀他。

苏格兰北部有一些荒凉的海岛,海岛外寒风肆虐,海岛上也尽是石头和山峰。得知后有追兵时,博思韦尔伯爵准备逃往那些海岛暂避。不过,探听到博思韦尔伯爵出海之后,格兰奇领主也率部出海,紧追不舍。

如果不是他们的船只因故搁浅的话,博思韦尔伯爵绝对难逃一死。当时,格兰奇领主的坐船已经快要逼近博思韦尔伯爵的船了,可是,格兰奇领主坐船上的水手却说他们不能再追了,不然的话,船只极有可能搁浅。因为博思韦尔伯爵近在咫尺,所以格兰奇领主忽视了这一衷告,命水手们继续前进。结果,就在那千钧一发的生死一刻,格兰奇领主的坐船真的如水手警告的那样搁浅了,乘坐小船的博思韦尔伯爵侥幸逃过一劫。

事实上,格兰奇领主一行也不是毫无收获,至少他们俘虏了很多支持博思韦尔伯爵、与他一同逃亡的人。将这些俘虏带回爱丁堡后,苏格兰法庭审判了他们,并将其中一些人判处死刑。在审判的过程中，通过这些人交待的事实，博思韦尔伯爵的罪行逐渐浮出水面。

　　逃脱追杀了，博思韦尔伯爵成了一名流亡者。后来，他更是成了海盗，到处劫掠北海上的商船。不过，最终，因为他的海盗团犯下了太多罪行，为了对付他们，忍无可忍的丹麦国王专门组织了一支远征军。接着，在一场激战中，博思韦尔伯爵战败被俘。此后，他一直被囚禁在丹麦阴森的地牢之中。据说，在博思韦尔伯爵最后那段日子了，他变成了一个疯子，在疯疯癫癫中了此残生。

第十章

列文湖城堡

精彩看点

合适的软禁地点——鲁斯温和莫顿叫醒玛丽女王——玛丽女王等人来到列文湖城堡——列文湖城堡的位置——列文湖城堡的情况——方形塔——八角塔和窗户——列文湖城堡的主人——道格拉斯夫人的观点——选择列文湖的原因——囚犯玛丽女王——苏格兰王国内的两派——两派的主张——临时政府——汉密尔顿——议案——请玛丽女王签字——三份文书的内容——詹姆斯·梅尔维尔的劝说——玛丽女王拒绝签字——归途中的莫里伯爵——莫里伯爵的担忧——莫里伯爵与詹姆斯·梅尔维尔碰面——莫里伯爵的决定——北上列文湖——兄妹相见——情难自已的玛丽女王——玛丽女王的回忆——世事更迭——莫里伯爵的行为——莫里伯爵的告诫——人们的推测——对自由的渴望——逃跑的希望渺茫——道格拉斯兄弟——道格拉斯兄弟的决心——金罗斯村——交通工具——一个女仆——李代桃僵——乔治·道格拉斯被逐出城堡——加强戒备——坚持不懈——机智的威廉·道格拉斯——一幅画——时机出现——乔治·道格拉斯的计划——威廉·道格拉斯的作用——玛丽女王成功逃出八角塔——玛丽女王的宣言——热情的苏格兰民众——成为废墟的列文湖城堡——方形塔与八角塔——浮想联翩

在上一章的末尾，我提到，苏格兰的贵族们准备换一个地方软禁玛丽女王。不久之后，他们真的选好了一个合适的地点——列文湖城堡。某天深夜，这些贵族们命鲁斯温和莫顿这两个曾经强闯荷里路德宫的人去通知玛丽女王，请她起床并换上一套她出巡时穿的衣服。之后，他们便带着她离开了荷里路德宫，骑马疾驰而去，穿过了福斯河，于第二天上午时分抵达了列文湖城堡。

列文湖城堡位于爱丁堡的正北方，坐落在列文湖中央的一个小岛上，三面环水，正门前有一座花园。城堡中有一座巨大的方形高塔，那是城堡主人的住宅区，共有五个套房。套房之下是地下室，或者更确切地说，是地牢——在某些特殊的情况下，那里会关押一些需要严密监视的囚犯。方形塔的唯一入口在二楼，是二楼的一个窗户，那里悬挂着一个连着铁链的梯子，可以通过三

一幅雕版画：列文湖城堡

楼的控制拉起或放下。方形塔周围是广场，广场上分布着其他公寓和一些方形建筑，除此之外，城堡的某个角落还有一座八角塔。这个平顶的八角塔宫有三层，二层有一扇窗户，通过那里可以俯瞰列文湖的湖水。

列文湖城堡的主人是莫里伯爵的母亲道格拉斯夫人，如前所述，莫里伯爵是玛丽女王同父异母的哥哥，只不过因为他们的父亲詹姆斯五世与莫里伯爵的母亲道格拉斯夫人的婚姻不合法，所以莫里伯爵无法继承苏格兰王位。不过，道格拉斯夫人却坚持认为她与詹姆斯五世的婚姻是合法有效的，因此，她的儿子莫里伯爵才应该继承苏格兰王位。因为这个原因，她非常仇视玛丽女王，认为她抢走了本该属于自己儿子的王位。

正是基于这个原因，那些苏格兰贵族才把她的列文湖城堡选为玛丽女王的软禁地。当然，列文湖城堡本身也与世隔绝，外面的人很难悄悄潜入这里救走玛丽女王，被软禁其中的玛丽女王也很难逃出去。抵达列文湖城堡后，玛丽女王便被道格拉斯夫人软禁到了之前提及的八角塔中。不过，因为女王的身份，所以，相比于普通囚犯，玛丽女王的待遇要好很多，至少道格拉斯夫人为其安排了五名女仆和一些男仆。

与此同时，苏格兰内部再次分成了两派，一派人主张还政于玛丽女王，一派人则主张让玛丽女王退位，詹姆斯王子登基，召回莫里伯爵摄政。主张玛丽女王退位的那一派实力更强，他们聚集在詹姆斯王子生活的斯特灵城堡，以詹姆斯王子的名义组建了临时政府。

不过，那些主张还政于玛丽女王的人依然坚持着，他们聚集在汉密尔顿宫，以汉密尔顿公爵为首。可是，首先，他们的实力不够强大，没有办法营救出玛丽女王；第二，因为玛丽女王信奉天主教，而苏格兰的大部分民众都信奉新教，所以，他们的影响力也在慢慢地减弱。

后来，当苏格兰政府再次讨论苏格兰未来的情况时，支持玛丽女王的人们提出的议案被否决了。最后，反对玛丽女王的人们提出的议案被采纳：第一，玛丽女王退位，詹姆斯王子登基；第二，请莫里伯爵回国摄政；第三，詹姆斯王子成年后，莫里伯爵必须还政。

可是，在此之前，玛丽女王依然是苏格兰的女王，只有经过她签字确认后，他们的议案才能生效。为此，他们命詹姆斯·梅尔维尔和林赛带着需要玛丽女王签字的三份文书前往列文湖城堡。那三份文书的内容分别如下：第一份文书是玛丽女王的逊位文书，玛丽女王同意让位于自己的儿子詹姆斯王子；第二份文书是莫里伯爵的任命文书，她将任命莫里伯爵为苏格兰王国的摄政大臣，

绘于19世纪的汉密尔顿宫

第十章 列文湖城堡

在詹姆斯王子成年之前代为处理国家事务；鉴于莫里伯爵依然在法国，所以第三份文书请玛丽女王先任命几位贵族组成摄政委员会，在莫里伯爵回国之前代为摄政。

如前所述，詹姆斯·梅尔维尔是玛丽女王幼年时的绅士侍从官，此人通情达理，对玛丽女王也是忠心耿耿，深得玛丽女王的信任。因此，来到列文湖城堡后，他先单独求见了玛丽女王，并开始劝说她签字。可是，玛丽女王却不同意签字，她回答说："如果我真的在这些文件上签字的话，那么那些逆臣贼子对我所有的污蔑就难以洗刷了，同时，一旦苏格兰落入他们之手，我恐怕苏格兰会陷入万劫不复的境地。"

见自己的劝说无效后，詹姆斯·梅尔维尔便告退了。接着，另一个使者林赛走了进来。与詹姆斯·梅尔维尔不同，林赛此人不仅脾气暴躁，举止粗鲁，而且他特别反对玛丽女王。所以，见到玛丽女王后，他便出言威胁，准备强迫玛丽女王签字。

最终，在他们两人的软硬兼施下，玛丽女王屈服了——1567年7月25日，玛丽女王提笔签署了那三份文件。四天之后，年幼的詹姆斯王子在斯特灵堡举行了加冕典礼，成为苏格兰的国王詹姆斯六世。不知是不是一个巧合，二十五年前，不满一岁的玛丽女王在此加冕

玛丽女王

成为苏格兰女王,二十五年后,当她的儿子詹姆斯六世在此加冕时也不满一岁。

加冕典礼结束后,在从教堂返回城堡的王室公寓时,庆祝詹姆斯六世加冕的贵族们高举着新国王的王室纹章,以庄严队列行进。当时,一位贵族手捧王冠走在最前方,莫顿则手持权杖紧随其后,第三位贵族则抱着年幼的国王詹姆斯六世。那个时候,詹姆斯六世完全不知道他的母亲正经历着怎么凄惨的软禁生活,更不明白崭新的权杖和王冠对自己的意义。

与此同时,莫里伯爵已在归来途中,但是,越接近苏格兰,他的内心便越忐忑。此前,逃离苏格兰后,他一直在法国和欧洲大陆的其他国家流浪,因此,他不确定现在的苏格兰民众有多么支持他。他认为,如果他贸然回到苏格兰、接过摄政大权的话,玛丽女王的支持者会站出来反对他。那些人可能会说:"颁布逊位诏书时,玛丽女王处于软禁状态,因此,这份诏书是无效的。"他更担心,一旦民众相信了这一说法,转而支持玛丽女王,那么他这个同父异母的妹妹真有可能重获自由、重登王位。

因此,在踏上苏格兰的土地之前,他准备找詹姆斯·梅尔维尔了解一下情况。他们相约于边境会面,詹

童年时期的詹姆斯六世

姆斯·梅尔维尔如约而至。经过多次商议之后,莫里伯爵决定,在下定决心、采取行动之前,他准备先去探望一下自己的妹妹玛丽女王。于是,莫里伯爵转道向北,先去了列文湖,返回了自己母亲道格拉斯夫人的列文湖城堡,单独探望了自己的妹妹玛丽女王。

见到阔别已久的哥哥莫里伯爵后,玛丽女王不禁百感交集,再也无法控制自己的情绪。她回忆起了自己的青葱岁月,那时,她刚刚回到苏格兰,她这位同父异母的哥哥是她最忠实的朋友和导师,帮助她渡过了无数困难,让她顺利掌握住了苏格兰王国的大权。可是谁能料到,后来世事更迭,他们两人反目成仇,先是莫里伯爵流亡海外,现在又是她沦为阶下之囚。想到这里,她再也忍不住地痛哭流涕,几乎说不出话来。他们两人独处了很长时间,之后,莫里伯爵毫不犹豫地回到了爱丁堡,顺利地接过了摄政大权。人们普遍推测,在那段时间的谈话中,莫里伯爵说服了玛丽女王,让她认可了自己的选择。

据说,在离开之前,莫里伯爵严肃地告诫玛丽女王:"尊敬的女王陛下,我的妹妹,你必须清楚,以下行为会威胁到你的人身安全:第一,一旦那些支持你的人尝试动摇你儿子的统治,那么,全国人民、全体贵族,甚

第十章 列文湖城堡

至于你的儿子都会怨恨你;第二,一旦你尝试逃出这个软禁之地,那么,那些贵族便会更加警惕;第三,一旦你想请英格兰或法国帮助你,那么,苏格兰民众便会背弃你。"现在,大多数历史学家们推测,莫里伯爵说这些话是为了让玛丽女王安于现状,不要尝试着逃跑,不要尝试着命自己的支持者制造动乱,更不要想着勾结外国势力。

虽然莫里伯爵严厉警告玛丽女王不要尝试着逃跑,但身陷囹圄之后,玛丽女王极度渴望自由;失去权力之后,玛丽女王也想着恢复权力。她知道,苏格兰境内依然有大量的贵族和民众支持她,她也知道,一旦她逃出列文湖城堡,她便能够召集起一支大军,甚至能够重登王位。可是,如前所述,列文湖城堡三面环水,戒备森严,玛丽女王逃跑的希望很渺茫。

乔治·道格拉斯和威廉·道格拉斯是道格拉斯家族的两个年轻人,大约二十五岁的乔治·道格拉斯是道格拉斯勋爵和道格拉斯夫人的儿子,大约十七岁的威廉·道格拉斯是道格拉斯勋爵亲戚的孩子,因为他的父母双亡,所以道格拉斯勋爵收养了他。那个时候,这两个年轻人一直生活在列文湖城堡。

玛丽女王被软禁在这里时,这两个年轻人还不知道她的存在,可是后来,他们无意中看到了玛丽女王黯然神伤地远眺湖水的美丽模样,这激起了他们的保护欲望,于是,他们开始想方设法地计划帮助玛丽女王逃出此地、重获自由。几个月后,莫里伯爵到访,虽然他警告玛丽女王不要尝试着逃跑,但对自由的渴望,以及两个年轻人的谋划,还是让玛丽女王决定决定冒险一试。

金罗斯村是列文湖城堡湖对岸的一个小村庄,因为列文湖城堡本身的房间有限,无法安置太多人,所以城堡中的很多仆人都居住在金罗斯村中。到了玛丽女王那个时代,金罗斯村已经达到了一定规模,逐渐发展为一个制造业繁盛的城镇,可以制造各种花色的格子布、格子呢和其他苏格兰布匹。当时以及现在,金罗斯村和列文湖城堡之间的交通工具都是渡船,不过不同的是,当时的渡船靠人力和风力驱动,现在的渡船靠蒸汽机驱动,当时的渡船属于列文湖城堡,现在的渡船则属于金罗斯村。

最后,时机终于成熟了。那一天,金罗斯村中的一个女仆——她负责照顾玛丽女王的起居——乘船进入了列文湖城堡,给玛丽女王送来了一大捆清洗干净的衣服。因为长时间的软禁,玛丽女王的身体状况大不如前,与此同时,为了迷惑道格拉斯夫人等人,她也故作虚弱。

1567年的玛丽女王

■ **玛丽女王** ■

当那个女仆带着衣服进入玛丽女王的房间后,之前还躺在病床上的玛丽女王迅速起床,穿上女仆刚刚脱下的衣服,打扮成女仆的样子。与此同时,那个女仆也穿上玛丽女王的衣服,躺到玛丽女王休息的床上。为了隐瞒更长时间,玛丽女王还把一方头巾盖在那个女仆的脸上。之后,为了伪装得更加完美,她又拿起一捆需要清洗的衣服。最后,她故作镇定地走出了方形塔,穿过了庭院,来到了码头,登上了渡轮,请船夫把船划到对岸。

看到一切正常后,渡轮的船夫们就开始划桨,驾驶着船只向对岸驶去。然而,慢慢地,他们发现,这个乘客的行为极为怪异,比如说她总是尽量拉低自己的头巾,想用它遮挡自己的脸。于是,一个船夫就开口问道:"您好,能让我们看一下您的真面目吗?"听到这个问话,玛丽女王大吃一惊,于是,她立刻伸出手来拉自己脸上的头巾。可是,她那光滑、白皙、纤细的手指立刻暴露了她的身份,那些船夫们立刻就看出来了,拥有这样手指的绝不是经常干粗活的女仆,而是一位伪装成女仆的贵妇。于是,他们立刻停止了划船。见此情景,玛丽女王也知道自己已经暴露了,再掩饰也没有意义了,于是,她缓缓地拿掉了头巾,显露出了自己身为女王的威仪,告诉他们说自己是玛丽女王,因为他们有义务忠

第十章 列文湖城堡

于苏格兰女王,所以她命他们继续前进,把自己送到湖对岸去。

前面我也说过,当时的渡轮属于列文湖城堡,渡轮的船夫都是城堡的人,因此,经过一番考虑后,他们立刻做出了自己的选择。他们回答说:"首先我们是列文湖城堡的船夫,接着我们才是苏格兰玛丽女王的子民,所以我们应该将您送回城堡。另外,对我们来说,现在的您并不是苏格兰的女王或者国王詹姆斯六世的母亲,而是一个企图从列文湖逃跑的罪犯,所以我们更应该把您押送回去。"

首先,因为逃跑的计划失败了,所以玛丽女王特别失望;第二,她更担心帮助她越狱的两人是否会被牵连。当玛丽女王说出她的担忧后,那些船夫郑重地向玛丽女王许诺说:"如果您愿意安安静静地返回城堡的话,我们也不会泄露此事,到时候,我们就可以当作一切都没有发生。"可是,再次回到城堡后,玛丽女王才发现事情没那么简单,因为她越狱的事情太过重大了,所以几天之后,道格拉斯勋爵和道格拉斯夫人也知道了此事。当他们得知自己的儿子乔治·道格拉斯也参与了此事后,勃然大怒的他们立刻把自己的儿子赶出了城堡,一同被赶出的还有玛丽女王的两个仆人。不过幸运的是,威廉·道格拉斯并没有暴露,所以他得以继续留在列文湖城堡。离开列文湖城堡后,乔治·道格拉斯并没有走远,就在附近的金罗斯村住了下来,准备与城堡内的威廉·道格拉斯一起等待时机,再次帮助玛丽女王。

此事过后,为了避免相似的事情再次发生,道格拉斯夫人加强了玛丽女王的看守力度。另一方面,依然留在城堡内的威廉·道格拉斯也更加小心,小心翼翼地隐藏着自己的目的,耐心地等待着时机。虽然威廉·道格拉斯才十七岁,但机智的他还是以一种令人钦佩的方式完成了自己的目标。与此同时,离开了列文湖城堡、来到了金罗斯村的乔治·道格拉斯则频繁接触那些支持玛丽女王的贵族们,让他们做好接应玛丽女王的准备。

尽管隔着列文湖,但乔治·道格拉斯和威廉·道格拉斯这两兄弟还是通过秘密渠道保持着密切的联系,同时,他们也神不知鬼不觉地与八角塔中的玛丽女王互通信息。据说,为了让玛丽女王明白他的支持者们一直在努力,一直在想方设法地营救她,乔治·道格拉斯画了一幅画,并通过威廉·道格拉斯转交给了她。那副画中,一头狮子困于罗网之中,可是旁边的小老鼠却在努力的营救它。

最后,另一次时机终于出现了。这一次,乔治·道

第十章 列文湖城堡

格拉斯计划划着小船来到软禁玛丽女王的八角塔下,直接划到八角塔的窗户下。然后,玛丽女王从窗户中爬出来,在城堡中人的帮助下顺着墙壁爬下小船。

这一次,太阳落山后,乔治·道格拉斯立刻划着早就准备好的小船穿过了列文湖的湖面,来到了玛丽女王所在的八角塔的窗户下。与此同时,之前与道格拉斯勋爵和道格拉斯夫人一起共进晚餐的威廉·道格拉斯也顺利偷到了玛丽女王窗户上的钥匙,帮助她打开了窗户。之后,他和玛丽女王一起爬过了墙壁,顺利登上了乔治·道格拉斯准备好的小船。

简·肯尼迪是玛丽女王的侍女之一,在原本的计划中,她是要陪着玛丽女王一起离开的。不过,当时紧张过度的玛丽女王和威廉·道格拉斯都忘记了她的存在。最后,眼见时不我待,简·肯尼迪不得不只身从八角塔上跳入湖中。幸运的是,身手敏捷的她只是受了一些轻伤。最后,见人已经到齐,乔治·道格拉斯立刻划动船桨,向湖对岸划去,威廉·道格拉斯也去帮忙。据说,为了早一步抵达湖对岸,简·肯尼迪和玛丽女王也开始划船。

最终,他们终于安全抵达了距金罗斯村很远的列文湖南岸,与在那里等待的几位支持玛丽女王的贵族会合。

玛丽女王逃离列文湖城堡

第十章 列文湖城堡

会合之后，他们立刻给玛丽女王牵来了一匹马，并将其扶上了马背。然后，他们也都快速上马，快速离开。经过一夜疾驰，在一队护卫和一些贵族的护送下，第二天上午，玛丽女王终于安全抵达了汉密尔顿宫。据说，抵达那里后，玛丽女王感叹道："自由真好啊，接下来，我将再次成为苏格兰女王。"

情况确实如此，在汉密尔顿宫，玛丽女王发布了一则宣言，宣布自己的逊位宣言是被迫签字的，因此那份文件无效。接着，她又劝莫里伯爵放弃摄政权，到她麾下效命。最后，她又号召苏格兰民众拿起武器，到她的旗下听令。得知玛丽女王顺利逃出软禁地并抵达汉密尔顿宫后，苏格兰的人民立刻开始响应玛丽女王的号召，向汉密尔顿宫赶去。虽然莫里伯爵拒绝服从玛丽女王的命令，但热情的苏格兰民众却如潮水一般涌向汉密尔顿宫。最后，短短一周内，玛丽女王便征召起了一支人数多达六千人的军队。

现在，虽然列文湖的水位降低了很多，列文湖城堡也变成了废墟，再不复当年三面环水、坚不可摧的样子，但当游客们从金罗斯镇乘船渡过列文湖后，他们依然可以看到当年的方形高塔——它依然顽强地屹立着。当年软禁玛丽女王的八角塔也依然存在，当游客们沿着墙面

玛丽女王

上的石头楼梯进入二层的房间后,他们依然可以透过窗户俯瞰列文湖的湖水和远处的小山。这时,他们的脑海里总是会浮现出不幸的玛丽女王。

第十一章

漫长的囚禁

精彩看点

玛丽女王率军转移——敦巴顿城堡——莫里伯爵的应对——两军相遇——抢占高地——莫里伯爵的骑兵——南逃至苏格兰海岸——最安全的做法——邓遵南修道院——何去何从——玛丽女王的想法——追随者的建议——玛丽女王的决定——卡莱尔城堡——玛丽女王的使者——玛丽女王等人的行动——劳瑟阁下的措施——欢迎仪式——更加危险的境地——与身份不符的欢迎仪式——城堡方面拒绝投奔玛丽女王者进入——玛丽女王的处境——她的支持者发现不对——护卫者还是监视者——伊丽莎白女王的慰问信与特使——伊丽莎白女王的严令——玛丽女王请求面见伊丽莎白女王——特使的回答——伊丽莎白女王的办法——侮辱——玛丽女王被转移——玛丽女王的随从被遣散——孤立无助的玛丽女王——出庭的双方——案情更加复杂——伊丽莎白女王的目的——休庭与转移——玛丽女王的抗议——不了了之——软禁力度更胜从前——玛丽女王的请求——莫里伯爵遇刺身亡——玛丽女王与莫里伯爵的关系——想营救玛丽女王的人——萨福克公爵的谋划——玛丽女王的答复——萨福克公爵阴谋败露——玛丽女王受到牵连——软禁力度再次加强——不断变化的软禁地点——玛丽女王身边的随从——打发时间的消遣活动——漫长的软禁岁月——被人遗忘的玛丽女王

虽然玛丽女王的麾下聚集了六千人,但汉密尔顿宫只是一座宫殿,不是坚固的城堡,因此,玛丽女王决定率军转移到敦巴顿城堡。读者们应该还记得,在最开始的章节中我提到,年幼的玛丽女王正是从敦巴顿城堡出发离开苏格兰、前往法国的。

得知玛丽女王率部转移后,莫里伯爵也调集重兵,准备中途拦截。最后,两军在格拉斯哥附近相遇。之后,为了抢占两军中间的一个高地,他们立刻加快行军。因为莫里伯爵的大军中有一支骑兵,所以,最后,莫里伯爵一方抢先占据了那处高地,取得了居高临下的优势。不得已的情况下,玛丽女王所部只能来到另一处高地朗塞得。

战争很快就开始了,先是炮击,接着是白刃战。当双方的士兵短兵相接时,站在高地上的玛丽女王紧张地

敦巴顿城堡

盯着战场。然后，她便发现，随着时间的流逝，她的部队渐渐不支。最终，那些赶来支持她的人要么战死、要么四散而逃，而莫里伯爵的部下则越战越勇，开始追亡逐北。那个时候，玛丽女王的内心充满了悲伤与绝望。

即使败局已定，玛丽女王的身边依然有一些最忠诚的支持者。见到败局无可挽回后，他们立刻劝玛丽女王赶紧离开，免得落入敌军之手。于是，玛丽女王一行人立刻骑上战马，折向南方，迅速离开了战场，以最快的速度来到了苏格兰南部的海岸。那个时候，玛丽女王以及她的支持们都认为，目前安全的做法就是离开苏格兰，前往英格兰或法国求助，借助他们的力量恢复王位。

来到海岸边后，玛丽女王一行人下榻在了距英格兰边境不远的邓遵南修道院。在接下来的两天里，玛丽女王和她的支持者们在讨论接下来何去何从。玛丽女王本人想去苏格兰，请求她的表姑伊丽莎白女王的庇护和帮助。但她的支持者们却说伊丽莎白女王不可信，建议她扬帆出海，去法国求助。可是，回想起之前离开法国时的情形后，玛丽女王不想以一个落魄女王的身份前去法国，求助于敌视自己的凯瑟琳王太后。因此，最终，他们还是决定前往英格兰求助。

卡莱尔城堡是英格兰边境附近的一座坚固要塞，距

第十一章 漫长的囚禁

玛丽女王下榻的邓遵南修道院不远，因此，为了探明英格兰的意向，玛丽女王先命人前往卡莱尔城堡求助，询问城堡的主人能否庇护自己。不过，鉴于自己的危险处境，鉴于莫里伯爵的追兵随时都有可能出现，所以，使者出发后，玛丽女王一行人也立刻离开了邓遵南修道院，向英格兰和苏格兰的边境赶去。

抵达卡莱尔城堡后，玛丽女王的使者发现卡莱尔城堡的主人已经离开此地、前往伦敦了，于是，他找到了城堡主人任命的负责人劳瑟阁下，将玛丽女王的求助信交给了他。看完玛丽女王的求助信后，劳瑟阁下立刻命人前往伦敦，向城堡的主人以及伊丽莎白女王汇报此事。与此同时，在自己的权限内，劳瑟阁下尽最大的努力帮助玛丽女王。首先，他派了一支军队前去接应玛丽女王，免得她落入莫里伯爵之手。之后，他又安排盛大的仪式欢迎玛丽女王的到来。

可是，当玛丽女王抵达卡莱尔城堡后，她却不知道自己陷入了更加危险的境地。虽然卡莱尔城堡方面以盛大的仪式欢迎了玛丽女王一行人，但那种盛大的仪式与玛丽女王一国之君的身份并不相配，在外人看来，他们接待的根本不是苏格兰女王。也正因为这个原因，很多苏格兰民众都不知道玛丽女王去了卡莱尔城堡。后来，

邓谟南修道院遗址

一幅雕版画:卡莱尔城堡

玛丽女王

当一些消息灵通之人前往卡莱尔城堡投奔玛丽女王时，城堡方面却拒绝让他们进入城堡。

不过，对于离开故国、如无根浮萍的玛丽女王来说，有一个庇护的地方已经谢天谢地了，因此她根本没有想太多。不过，一段时间后，她身边的人还是发现了异样。比如说，当玛丽女王想离开城堡去草原上散步时，劳瑟阁下会安排二三十个全副武装的人陪同她一块儿去。虽然他解释说边境不安稳，这些人是为了保护玛丽女王，但玛丽女王的支持者们却认为这些人是为了监视玛丽女王，避免她一去不复还。

还有一次，玛丽女王想出去打猎，劳瑟阁下依然派了很多人。打猎回来后，陪同玛丽女王出去的人汇报说："玛丽女王的骑术非常好，骑上马儿后疾驰如风。我认为，那个时候，如果玛丽女王的支持者们来接应她的话，我们很难阻止玛丽女王越过边境线，回到苏格兰。"因此，当玛丽女王再一次准备出去狩猎时，劳瑟阁下便以不安全为由拒绝了玛丽女王。他说："尊敬的女王陛下，现在，莫里伯爵陈兵边境，他的部下甚至渗透到了城堡附近，您现在出去不安全。"

就在这时，伊丽莎白女王的慰问信来了，不过，与它一同到来的还有她的使者。这个使者向劳瑟阁下传达

第十一章 漫长的囚禁

了伊丽莎白女王的严令：严加看管玛丽女王，不得让她再次回到苏格兰。接到伊丽莎白女王的慰问信，感受到她在信中表达的善意与安慰后，玛丽女王请求与她正式会面。可是，伊丽莎白女王的使者却说："尊敬的玛丽女王陛下，因为谣言传说您与达恩利勋爵之死有关，所以，除非您洗刷了您身上的嫌疑，否则的话，伊丽莎白女王陛下无法以恰当的方式接见您。"

接着，此人又说道："其实，考虑周到的伊丽莎白女王陛下已经想到了解决办法，为此，她已经在想方设法地组织某种形式的专门法庭，只要您同意出庭的话，那么您的嫌疑一定能够洗刷的。"说到此处，伊丽莎白女王的用心已经昭然若揭了，因此，玛丽女王明确地拒绝了这个建议。原来，那个时代，欧洲各国之间有一个约定成俗的规矩，即国王和女王无须接受法庭的审判。因此，伊丽莎白女王此举有羞辱玛丽女王的嫌疑。

后来，为了安全起见，伊丽莎白女王决定把玛丽女王转移到另一个城堡去。与卡莱尔城堡相比，这个城堡距英格兰与苏格兰的边境线更远，这样一来，玛丽女王与苏格兰王国的联系便更加困难。不过，这个新城堡难以接待太多人，所以，英格兰方面便打发玛丽女王的一些随从离开了。也有人推测，英格兰方面此举是为了更加孤立玛丽女王，减少她身边的自己人。后来，随着时间的推移，玛丽女王发现自己身边的人越来越少，她也越来越无助。

与此同时，伊丽莎白女王也不断地派人游说玛丽女王，让她接受英格兰法庭的审判，与莫里伯爵做一个了断。为了让玛丽女王同意此事，伊丽莎白女王的使者们说："尊敬的玛丽女王陛下，这次开庭不是在审判您，而是请您作为原告控诉莫里伯爵的篡权行为。"最终，不堪其扰、精疲力竭、看不到任何希望的玛丽女王不得不同意了他们的建议。

之后，伊丽莎白女王立刻召集人手，在英格兰北部的古老城市约克组建了一个审判法庭。这一次，莫里伯爵将会亲自出庭，而身为苏格兰女王的玛丽女王则会指派几位专员代表自己出庭。其实，进入法庭前，双方都认为对方是被告，都认为这个法庭是为了审判对方。很明显，在这里面，伊丽莎白女王耍了一些手段。

可是，经过无休止的控告和反控告后，经过漫长的调查后，整个事件不仅没有水落石出，反而越发复杂起来。不过，很多人认为，这正合伊丽莎白女王的心意，她就想让整件事情变得越来越复杂。之后，鉴于此案太过复杂，伊丽莎白女王命法庭休庭，而下次开庭的地点

伊丽莎白女王

玛丽女王

将在伦敦。

已经明白了一切的玛丽女王抗议伊丽莎白女王的行为,决定不再派人出席审判。最后,这个审判便不了了之,莫里伯爵也回到了苏格兰,继续担任自己的摄政大臣。玛丽女王依然被软禁在英格兰,而且此后,伊丽莎白女王对她的软禁力度更胜从前。

虽然玛丽女王也抗议了伊丽莎白女王软禁自己的行为,并请她放自己返回苏格兰或者前往法国。但伊丽莎白女王却回复说:"考虑到此前的案件并没有了结,所以我不能放你离开英格兰。但是,如果你放弃苏格兰的女王之位,将苏格兰的王权传给你的儿子的话,我可以允许你在英格兰平静地生活下去。"

玛丽女王坚决拒绝了,她回答道:"即便是死,我也不会做这种事情。在我死前,我的身份都是苏格兰的女王。"

这样一来,伊丽莎白女王只能继续软禁玛丽女王了。最开始的时候,因为她终于击败了玛丽女王并将其软禁了起来,所以伊丽莎白女王非常高兴。可是,一段时间之后,伊丽莎白女王发现,将玛丽女王软禁在英格兰并不是一个好主意。首先,因为软禁玛丽女王,她承受了巨大的舆论压力;第二,比舆论压力更严重的是国内的

第十一章 漫长的囚禁

叛乱份子蠢蠢欲动,他们试图利用玛丽女王推翻她的统治,让玛丽女王继承英格兰王位。为此,她开始和苏格兰的莫里伯爵商议,准备将玛丽女王移交给他,让他将玛丽女王软禁在苏格兰。可是,克服了谈判中的种种困难后,就在双方即将移交玛丽女王时,莫里伯爵却遇刺身亡了,伊丽莎白女王的计划不得不被迫中断。

莫里伯爵是玛丽女王同父异母的哥哥,二人的命运紧密相连,对玛丽女王来说,莫里伯爵是她一生中最重

莫里伯爵遇刺

要的人之一。在玛丽女王刚刚回到苏格兰的那段时间里,他是苏格兰王国的实际统治者;后来,因为玛丽女王的婚事,他们二人反目成仇,莫里伯爵发动叛乱反对玛丽女王,因为叛乱失败而不得不流亡海外;接着,当玛丽女王被叛乱者俘虏并软禁后,当叛乱者强迫玛丽女王让位于她的儿子詹姆斯六世后,莫里伯爵又被推举为苏格兰王国的摄政大臣。因此,我们可以说,对玛丽女王而言,莫里伯爵既是他最亲的亲人,也是她最大的敌人。据说,得知莫里伯爵遇刺身亡的噩耗后,玛丽女王特别悲痛,流下了伤心的泪水。

在玛丽女王被软禁期间,她的许多支持者都在想方设法地营救她,除此之外,还有很多野心家准备利用她,比如说英格兰的萨福克公爵便是其中之一。信奉天主教的萨福克公爵是英格兰的大贵族,他打算与玛丽女王联姻,然后借助天主教的势力推翻伊丽莎白女王的统治,让玛丽女王成为英格兰的女王。这样一来,他便可以成为英格兰实际的统治者。

为了实施自己的计划,他开始与玛丽女王秘密联络。虽然玛丽女王同意嫁给他,但与此同时,她也表明了自己的立场:"我只同意嫁给你,但我绝不参与你的阴谋。"最后,萨福克公爵的阴谋败露,被伊丽莎白女王送上了

萨福克公爵

断头台。因为此事,玛丽女王也受到了牵连,可是,她极力否认自己与此事有关,最后,虽然伊丽莎白女王也没有追究此事,但她加派了人手,对玛丽女王的软禁力度再次加强。与此同时,为了以防万一——既为了防止玛丽女王逃跑,也为了防止她的支持者以及想利用她的人救她出去,伊丽莎白女王经常更换玛丽女王的软禁地点,不断地将她从一个城堡转移到另一个城堡。

来到英格兰时,玛丽女王的身边依然有大批随从,即使是在软禁岁月中,他们也一直忠心耿耿地追随着玛丽女王。比如说我前文提及的简·肯尼迪——那个与她一同逃出列文湖城堡的女仆——就一直跟随在她的身边侍奉她。

在漫长的软禁岁月中,穷极无聊时,玛丽女王也会做一些刺绣打发时间,消遣一二。读者们应该还记得,玛丽女王的刺绣功夫是跟当时的凯瑟琳王后、现在的凯瑟琳王太后学来的。就这样,漫长的十八年过去了,英格兰和苏格兰都发生了翻天覆地的变化,世人几乎忘记了玛丽女王的存在。

第十二章

大结局

精彩看点

十八年的软禁生涯——玛丽女王被卷入巴宾顿阴谋——巴宾顿其人——巴宾顿的谋划——与玛丽女王取得联系——联系的方式——加密文字——玛丽女王准备外出散心——散心时的监视——不速之客——巴宾顿阴谋败露——十四位主犯的绞刑——玛丽女王被转移到佛泽林盖城堡——佛泽林盖城堡的情况——审判的准备工作——象征伊丽莎白女王的王座——王座的意义——玛丽女王拒绝出庭——伊丽莎白女王的人指控玛丽女王——玛丽女王的辩护——寻求庇护与被软禁——关于遗体的安葬之所——必须公开行刑——玛丽女王的抗争——虽败犹荣——对于侍从的安排——玛丽女王请伊丽莎白女王写下亲笔担保信——法王和詹姆斯六世的努力——争取到的时间——伊丽莎白女王签署死刑核准令——玛丽女王门外的侍从们——玛丽女王的交待——布置断头台——督刑官去请玛丽女王——玛丽女王的祈祷——玛丽女王前往断头台——悲伤的队伍——安德鲁·梅尔维尔爵士——玛丽女王交待的话——当众宣读死刑核准令——玛丽女王最后的祈祷——詹姆斯六世的愤怒——选择妥协——伊丽莎白女王驾崩——詹姆斯六世继承英格兰王位——玛丽女王的梦想实现了——各自为政的两个国家——英王詹姆斯一世为母报仇——玛丽女王长眠于威斯敏斯特大教堂——含笑九泉

转眼之间，十八年过去了，在这十八年中，处于软禁状态的玛丽女王一直渴望自由，也随时准备着挣脱伊丽莎白女王加之于她的束缚。为了谋求自由，玛丽女王也的确参与了一些有利于她获取自由、不利于伊丽莎白女王统治的事情，但这只是她软禁生涯的一部分。

另一方面，虽然伊丽莎白女王也知道玛丽女王的所作所为，不过，她也只能加强软禁的力度，不敢采取过激的行动。首先，她担心过激的行为会激起法国方面的敌意，从而导致英格兰和法国的战争；第二，她也不想激怒苏格兰，毕竟玛丽女王的儿子是现在的苏格兰国王詹姆斯六世，而且十八年后的今天，那个婴儿已经长大成人了。

不过，十八年后的1586年，因为卷入了巴宾顿阴谋，玛丽女王还是激怒了伊丽莎白女王。

玛丽女王

巴宾顿是英格兰的一位年轻绅士,家底殷实的他生活在英格兰的中心地带。因为玛丽女王的传说与魅力,也因为他本人的野心,所以他准备救出被伊丽莎白女王软禁的玛丽女王。为此,他集结了英格兰内一大批颇具影响力的天主教徒。之后,他们开始向法国和西班牙等信奉天主教的国家求助,请求他们的支援。最后,他们决定刺杀伊丽莎白女王,救出玛丽女王,发动起义——或者说叛乱,彻底改变英格兰的政治和宗教信仰。

为了将此事告知玛丽女王,他们想方设法地与玛丽女王取得了联系,以一种极为隐蔽的方式互通信息。首先,他们会命某位机密信使带着信件来到玛丽女王被软禁的城堡附近;接着,那位信使会来到城堡某个特定的地点——城堡墙壁上的某个小洞;然后,这位机密信使会把信件放在其中;最后,玛丽女王的心腹会寻机取走信件,并将之呈给玛丽女王。而且,为了防止信件被截获后信息泄露,他们使用了一种加密文字。

可是后来,某一天,正当玛丽女王准备出去散心时——软禁时,伊丽莎白女王也允许玛丽女王外出,但她外出时,伊丽莎白女王的人如影随形,一些来自伦敦的官员出现在了城堡外。一见到玛丽女王,他们中的一人便说道:"尊敬的玛丽女王陛下,您参与的那宗阴谋

巴宾顿

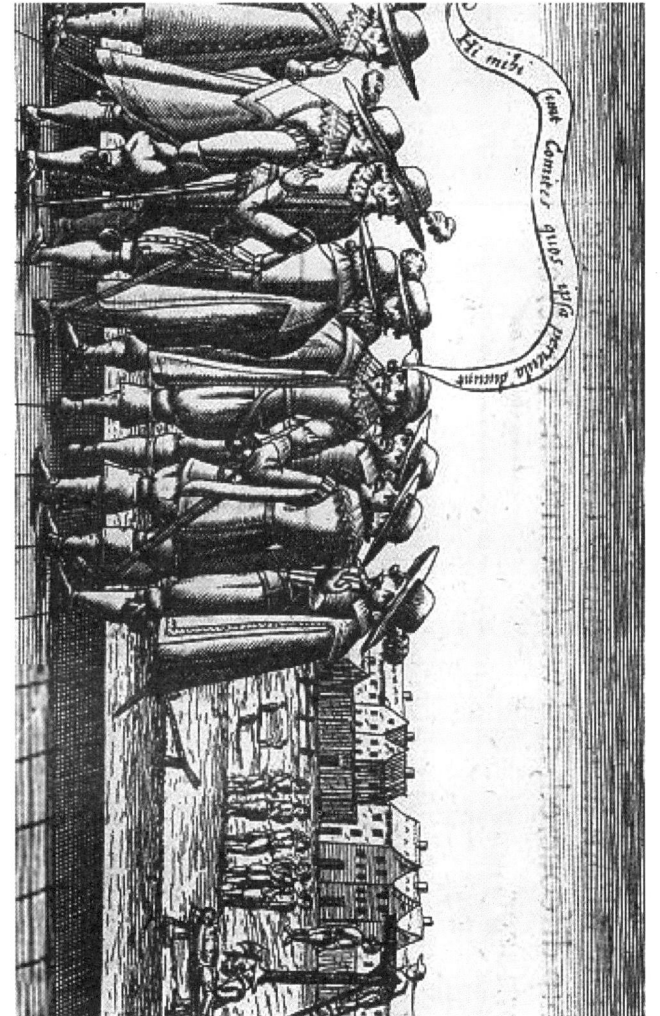

巴宾顿策划营救玛丽女王

第十二章 大结局

已然败露,巴宾顿被指控犯有叛国罪,他以及参与密谋的十三名主犯均以伏法,被判处了绞刑。接下来的两天里,每天都会有七人接受绞刑。据他们招认,您也参与了此次阴谋,所以,我们来此请您跟我们走一趟。"说完这些话,他们直接闯入了玛丽女王的房间,查抄了她的所有文件。

听闻这个噩耗、看到这些人在她的房间里如此的肆无忌惮后,玛丽女王不由地悲从中来、坐地痛哭。

或许读者们有这么一个疑问,当玛丽女王处于如此绝望无助的境地时,她的儿子苏格兰国王詹姆斯六世又在哪里?他为何不想办法帮助自己的母亲呢?事实上,自从玛丽女王被软禁、莫里伯爵死于暗杀后,苏格兰便陷入了内战之中。当时,内战的一方支持玛丽女王,想迎回她,另一方则支持詹姆斯六世,一心想维护他的地位。就这样,因为内战,因为两派的影响,这十八年来,玛丽女王和詹姆斯六世母子一直处于敌对状态。

巴宾顿阴谋发生的前一年,即1585年,詹姆斯六世曾给母亲玛丽女王写过一封充满敌意的信。读完这封信后,玛丽女王痛哭流涕:"这就是你对我的回报吗?在你小时候,为了你,我做出了多么大的牺牲了啊!我所做的一切不都是为了让你更加平稳、更加顺利地继承

詹姆斯六世

苏格兰和英格兰的王位吗？可是你却这样对我。"那时，权力场上就是这么无情，为了争夺权力，父子、母子亦会刀剑相逼。

在伊丽莎白女王的授意下，英格兰政府决定公开审判玛丽女王。为了便于审判，伊丽莎白女王命人将玛丽女王转移到了佛泽林盖城堡。与此同时，在她的命令下，律师、法律顾问、陪审委员以及国家官员等相关人员也都向那里赶去。

规模宏大的佛泽林盖城堡位于北安普敦郡境内，矗立在埃文河河畔。城堡内有许多宽敞的公寓，更有一个特别宽广的大厅——这个大厅将是此次审判玛丽女王的场所。1586年9月底，玛丽女王被转移到了佛泽林盖城堡，但直到几个月后，审判才正式开始。

首先，为了让审判符合玛丽女王的身份，更为了凸显伊丽莎白女王的权力，他们煞费苦心地做了很多准备。比如说，在审判大厅的正前方，他们特意安排了一个象征着英格兰伊丽莎白女王的王座。虽然伊丽莎白女王并没有来到现场、坐上王座，但王座周围依然擎着王室华盖。这个王座显示了伊丽莎白女王的权威，仿佛在告诉世人，是英格兰的伊丽莎白女王在审判苏格兰的玛丽女王。

第二，准备工作完成之后，玛丽女王却拒绝出庭，她说:"虽然她伊丽莎白是英格兰的女王,但我也是苏格兰的女王,我们的身份是对等的,她以及英格兰根本没有权利审判我。身为苏格兰女王,我是不会做任何有辱我身份的事情的。"接着,她还表示:"我是苏格兰的女王,不是英格兰人,不是她伊丽莎白女王的臣民,因此,我不必遵循英格兰的法律,更没有义务听从伊丽莎白女王的安排。"

因为玛丽女王的拒绝,审判大会不得不延后开庭。为了让玛丽女王出庭,伊丽莎白女王开始派人劝说她、蛊惑她、威胁她。那些人说,即使玛丽女王拒绝出庭,他们依然可以进行缺席审判,这样一来,玛丽女王连为自己辩护的机会都失去了,这样一来,法庭便可以一面倒地判决玛丽女王。因为这些压力,最后,玛丽女王还是屈服了,出席了审判大会。唉,如果她能够坚持自己最初的立场,或许情况会有所不同。

审判开始后,包括英格兰的伯爵、男爵以及其他贵族在内的审判委员会成员入席,依次围着审判大厅中的一张长桌坐下,玛丽女王则坐在长桌的下首位置,正对着大厅中摆放的王座——伊丽莎白女王的王座。玛丽女王的身后有一排栏杆,栏杆之后是被允许旁观此次审判的人。

审判玛丽女王

所有人依次就座后,审判开始。首先,伊丽莎白女王指派的人开始指控玛丽女王参与了巴宾顿阴谋,并就此指控列举出了多条证据。接着,玛丽女王开始为自己辩护,她说道:"首先,我必须申明我的身份——苏格兰的女王,因此,我没有义务效忠伊丽莎白女王。第二,我也必须申明我追求自由的权利。此前,我以一个流亡者的身份请求伊丽莎白女王的庇护,可是她不仅没有给我提供保护,还软禁了我十八年,难道我没有追求自由的权利吗?第三,虽然我一直在追求自由,但在这个过程中,我并没有损害伊丽莎白女王的利益,从未想过以任何形式推翻她的统治。"

审判委员会的成员们首先倾听了双方的指控和辩护,然后,他们开始研究双方提供的证据。因为研究证据、进行讨论花费了很长时间,所以他们将玛丽女王送回了自己的公寓。最后,得出结论后,他们启程赶回伦敦,向伊丽莎白女王提交了他们的审判结果:"苏格兰女王、法国王太后玛丽·斯图亚特参与了巴宾顿阴谋,企图刺杀英格兰伊丽莎白女王陛下。因此,我们建议判处玛丽女王死刑。"

得知这个结果后,伊丽莎白女王立刻派人给玛丽女王送去了一封信,将审判结果告诉了她。在信中,伊丽

第十二章 大结局

莎白女王表达了自己的遗憾之情，还说如果情况允许的话，她会想方设法地拯救玛丽女王。不过，在信的末尾，她又说她可能没有赦免玛丽女王的权利，因此，她也建议玛丽女王做好最坏的准备。人们认为，虽然伊丽莎白女王非常想把玛丽女王送上断头台，但她又不愿意承担处死一国女王的责任，因此，她便做出一副非常关心审判、特别希望玛丽女王能够无罪开释的样子。

现在，文明社会有一个传统，即当法庭决定判决一个人死刑时，在真正执行死刑之前，这个国家的最高元首需要签署一份死刑核准令，如果他或者她不同意签署此核准令的话，那个死刑犯便可以免于一死。死刑核准令其实是一份许可文件，签署了国家最高元首的名字后，这份命令才正式生效。

在伊丽莎白女王的时代，在英格兰，能够签署死刑核准令的便是伊丽莎白女王。因此，虽然特别法庭判处了玛丽女王的死刑，但除非伊丽莎白女王真的签署了关于玛丽女王的死刑核准令，否则的话，他们依然不能把玛丽女王送上断头台。

对伊丽莎白女王来说，如果她能够不签署死刑核准令而把玛丽女王直接送上断头台的话，她会更加高兴。可是，这既是传统，也是规矩，更是她的责任，因此，她必须亲自签字。不过，在真正签字之前，伊丽莎白女王还是故作姿态地拖延了很久，一再声明自己根本不愿意签署这份文件，但民意难违，最后，她不得已而为之。

前文我提及了伊丽莎白女王给玛丽女王的信，现在，我将引用玛丽女王的回信。在回复伊丽莎白女王的信件中，玛丽女王写道："对我来说，这个审判结果在预料之中。现在，我已经厌倦了尘世的生活，厌倦了软禁的岁月，或许，只有躺在坟墓中，我才能获得解脱、摆脱尘世的苦难、得到安息吧！尊敬的伊丽莎白女王陛下，我不奢望您的赦免，在此，我只想向您提出三个小小的请求。第一，死刑结束后，我希望您能放过我的遗体，让我的随从们带着它前往法国，我想与我的母亲一起长眠于法国的兰斯。第二，您和英格兰不能秘密处决身为苏格兰女王的我，在刑场上，我必须见到我的支持者们，我要通过他们向全世界宣告，在命运面前，我，苏格兰的玛丽女王，奋力抗争过了，虽然最后我依然逃不过命运的枷锁，但我虽败犹荣。第三，自从我逃离苏格兰以来，我身边的人一直忠心耿耿地追随我，伴随我走过了漫长的软禁岁月，现在，当我去世之后，他们将获得自由，可以随意地前往自己想去的任何地方，您和英格兰不得阻拦。"在信的最后，玛丽女王又写道："我希望

被软禁期间的玛丽女王

玛丽女王

您能答应我在临死之前的小小请求,同时,我也希望您能亲笔写下担保信,承诺您一定会遵守我们之间的约定。到那时,我会从容赴死。"

为了拯救玛丽女王,阻止英格兰方面的死刑,法王和玛丽女王的儿子詹姆斯六世做了很多努力,可是,他们的所有努力也仅仅为玛丽女王争取到了几个月的时间。最后,在英格兰民众和各部大臣的多番要求下,伊丽莎白女王终于签署了玛丽女王的死刑核准令。接着,伊丽莎白女王的大臣加盖了国印,死刑核准令正式生效。然后,伊丽莎白女王指定的特使们带着生效的文件赶往佛泽林盖城堡,准备在那里监督玛丽女王的行刑情况。

1587年2月7日,这些人抵达佛泽林盖城堡,接着,稍事休息、缓解了旅途的劳顿之后,这些人便直接"求见"玛丽女王。因为玛丽女王已经就寝,所以她想让他们第二天再来,可是他们却坚持说事务紧急、不容耽搁。于是,玛丽女王便召来了自己身边的所有侍从——只有十四或十五个人,以符合那些特使们身份的仪式接待了他们。

进入玛丽女王的公寓、见到玛丽女王本人后,那些特使们恭恭敬敬地站在她面前,脱帽致敬,之后,他们中的一位特使便把伊丽莎白女王的决定告诉了玛丽女

第十二章 大结局

王,而另一位特使则大声宣读了伊丽莎白女王签字之后的死刑核准令。

那位特使宣读死刑核准令时,玛丽女王的侍从们不由得痛彻心扉、泪如雨下,但玛丽女王却冷静地听完了那人的宣读,始终保持着淡定从容。死刑核准令宣读完毕后,玛丽女王说:"我很遗憾,伊丽莎白女王为后世树立了一个错误的范例,她居然认为自己有权将另一个王国的女王送上断头台。但对我而言,死也没什么大不了的,我已经厌倦了现在的生活,对我来说,死亡是解脱,我终于可以摆脱尘世的苦难,升往天国、享受永生了。"

之后,玛丽女王又问了特使们几个问题,比如说她的儿子詹姆斯六世怎么看待这件事,比如说法王是否准备干预此事。特使们一一回答了玛丽女王的问题。从他们的回答中,玛丽女王身边的人清楚,再也没有什么能救玛丽女王了。最后,当玛丽女王问到行刑时间时,他们说是明天的凌晨八点。这个时间有点早,出乎玛丽女王的预料,不过,短暂的沮丧之后,玛丽女王再次恢复了从容与镇定。

特使们告退后,玛丽女王命她的侍从们稍等一下。接下来便是摧心剖肝的离别场面了,虽然玛丽女王的侍从们痛哭流涕,但玛丽女王却依然气定神闲。不过现在,

玛丽女王

历史学家们推测,玛丽女王的淡定极有可能是极度绝望状态下的表象。最后,当所有人都安静下来之后,玛丽女王请他们与她一起跪下来祈祷。接着,她将自己手头的积蓄拿了出来,将之分给了身边的这些人。侍从们离开后,玛丽女王又开始给自己远在法国的亲人写信,希望他们收留自己身边这些侍从,免得他们四处流浪。最后,午夜时分,玛丽女王再次入睡。

第二天一大早,玛丽女王的侍从们便聚集在她的门外,耐心地等待着。她一开门,他们便立刻围了上去。玛丽女王交待道:"当我死后,我希望伊丽莎白女王能够遵守诺言,让我归葬法国。到那时,我希望你们能护送我的遗体前往法国,看着它与我的母亲一同长眠于兰斯。"与此同时,在此前玛丽女王接受审判的那个大厅里,伊丽莎白女王的人正在有条不紊地布置断头台。

一切准备就绪后,伊丽莎白女王指定的督刑官前去请玛丽女王。当他到达时,玛丽女王正在祈祷,因此,她希望督刑官能稍等片刻,让她完成祈祷。督刑官同意了玛丽女王的要求。片刻之后,祈祷完毕后的玛丽女王站了起来,跟着行刑队伍一起朝着断头台走去。玛丽女王的侍从们紧随其后。可是,在大厅门外,他们却被拦了下来。后来,在玛丽女王的强烈要求下,督刑官不得

侍从与玛丽女王告别

不允许玛丽女王的侍从们观刑。

于是，悲伤的玛丽女王一行人继续前进。当时，玛丽女王身着全套的宫廷礼服，以苏格兰女王的身份镇定自若地走向了行刑区域。她的家务总管安德鲁·梅尔维尔爵士走在她的身后，帮她拖着礼服的后摆。来到断头台后，安德鲁·梅尔维尔爵士跪在玛丽女王面前，行吻手礼，痛哭流涕、情难自抑，他说这是他这一生中最悲伤的时刻。

玛丽女王开始对他交待身后事，她说："不要伤心了，安德鲁·梅尔维尔，你看，我是为我的信仰而从容赴死的，在我死前，我将宽恕我所有的仇敌。现在，在我生命的最后一刻，当我扪心自问时，我自认为我从未令我的祖国苏格兰蒙羞。现在，我真是怀念在法国的少年时光啊。最后，代我转告我的儿子……"说到这里时，玛丽女王不由得泣不成声。最后，当她慢慢平静下来后，她继续说道："告诉我的儿子，直到现在，直到我生命的最后一刻，我都在思考着如何维护他的利益。"

走到断头台上后，玛丽女王坐到了为自己准备的座位上。那时，除了一些低沉压抑的抽噎声外，大厅中格外寂静，人们都没有说话。接着，伊丽莎白女王的特使们也走上了断头台，当众宣读了伊丽莎白女王签署的死

第十二章 大结局

刑核准令。接着，行刑的人开始准备执行命令。

那时，玛丽女王开始用自己独特而狂热的声音祈祷，最开始的时候，她用拉丁语祈祷，接着，她又开始用英语祈祷。当时，周围观刑的人都屏住呼吸，静静地看着眼前的一切，同时也在内心为玛丽女王祈祷，希望她的灵魂能升入安宁的天国。祈祷中，玛丽女王祝福苏格兰、祝福法兰西、也祝福英格兰，她祝福了自己的儿子、祝福了自己身边的人、也祝福了伊丽莎白女王。祈祷时，玛丽女王的手一直紧紧抓着一个象牙十字架。

祈祷结束后，玛丽女王站了起来，在侍从们的帮助下摘下了面纱、脱下了礼服的其他部分——行刑时，她需要露出自己的脖子。随后，她跪了下来，把头颅放在了行刑台的砧板上。那时，一些不忍看到这一幕的观刑者或者闭上了眼睛，或者把头转向了一旁；另一些人则呜咽啜泣、甚至放声大哭。

行刑时，那位从旁协助的助理行刑手牢牢地控制住玛丽女王的双手，那位负责行刑的主行刑手则举起了斧头。一声、两声、三声，三声可怕的声响之后，一切都结束了。那位助理行刑手提起了玛丽女王的头颅，低声对她说道："伊丽莎白女王的敌人只有一条路可走，那就是走向毁灭。"

玛丽女王

玛丽女王从容赴刑

之后,大厅中的观刑人员渐渐散去,伊丽莎白女王的人收拾起了玛丽女王的遗体,准备将其安葬在附近的彼得伯勒大教堂。虽然玛丽女王的侍从们强烈要求这些人把玛丽女王的遗体交给他们,让他们完成玛丽女王的遗愿。可是,那些人却无理地拒绝了他们,因此,他们强烈地还抗议说伊丽莎白女王背信弃义、不守承诺。可是,除此之外,势单力薄的他们再也做不了什么了。最后,伊丽莎白女王的特使们以极其隆重的仪式安葬了玛丽女王。此后的许多年里,玛丽女王的遗体一直埋葬在那里。

第十二章 大结局

顺利处决了玛丽女王后,伊丽莎白女王开始千方百计地消除此事的影响,避免它引起可怕的后果。此前她已经预料到了法国和苏格兰的不满情绪和复仇愿望,为了解决此事,她命人与这两国进行了一系列的协商,做了很多利益交换。

与此同时,当玛丽女王的死讯传来时,她故作悲痛地惊呼道:"怎么可能?虽然我签署了她的死刑核准令,但这并非我的本意啊!而且,在将这份死刑核准令交给负责的官员时,我命他不准将之交给其他人的,最后,它为什么又流传了出去呢?"后来,因为那位负责的官员坚决否认此事,伊丽莎白女王便将其囚禁了起来,将这个罪名强加给他。

接着,她又派使者出使苏格兰,向玛丽女王的儿子詹姆斯六世详细解释了此事。在最后,她又表示:"逝者已矣,往者不可谏,来者犹可追,现在,我只希望我们能够静下心来合理地处理此事。"听闻母亲惨死的噩耗后,詹姆斯六世义愤填膺,准备发兵攻打英格兰,为母亲复仇,但最后,在多方压力下,他还是选择了妥协。

之后,又过了十五六年,伊丽莎白女王也驾崩了。伊丽莎白女王驾崩后,鉴于伊丽莎白女王无后,也没有明确指定继承人,所以他们便根据王位继承权的顺位顺序，请玛丽女王的儿子、苏格兰国王詹姆斯六世为英格兰国王，是为詹姆斯一世。玛丽女王一生都在追求英格兰的王位，现在，他的儿子终于实现了她的梦想。

那时，年近不惑的苏格兰国王詹姆斯六世立刻启程赶往伦敦，准备去接收自己的新王国，加冕成为英王詹姆斯一世。在《查理一世》一书中，我将会详细讲述詹姆斯一世的故事。

虽然玛丽女王的儿子成了英格兰和苏格兰两国的国王，但这并不意味着这两个国家便合二为一了。在此后的许多年里，虽然英格兰和苏格兰拥有共同的国王，但它们依然保持着各自为政的状态。同时，玛丽女王的儿子也非常清楚自己的角色，在苏格兰时，他是苏格兰国王詹姆斯六世，在英格兰时，他是英格兰国王詹姆斯一世。

詹姆斯六世成为英王詹姆斯一世时，他的母亲玛丽女王已经去世多年，他也已经有了几个孩子。当时，我们不知道，在他的心中，他的母亲还有多少地位，但无论如何，一到英格兰，刚刚加冕完毕，成为英王詹姆斯一世的他立刻命人将判处并执行他母亲死刑的地方——佛泽林盖城堡夷为平地。同时，他也将他母亲的遗体移葬至威斯敏斯特大教堂。威斯敏斯特大教堂是安葬历代

詹姆斯一世与他的家庭成员

英王的地方，此后一直到现在，玛丽女王都长眠于那里。

　　如果玛丽女王泉下有知的话，她一定特别骄傲。首先，她一直想继承英格兰的王位，虽然因此而丢掉了性命，但她的儿子终于实现了她的愿望；第二，她的儿子成为英王詹姆斯一世后，她也进了安葬历代英王的威斯敏斯特大教堂，享受到了死后的尊荣。

附录
专有名词汉英对照

苏格兰	Scotland
林利斯戈宫	LinlithgowPalace
苏格兰玛丽女王	Queen Mary
湖泊	Loch
阿伦伯爵	Earl of Arran
珍妮特·辛克莱	Janet Sinclair
斯特灵城堡	Stirling Castle
福思河河口	Frith of Forth
苏格兰高地	Scottish Highlands
门蒂斯湖	Lake of Menteith
英奇玛霍姆岛	Inchmahome
玛丽·比顿	Mary Beaton
玛丽·弗莱明	Mary Fleming
玛丽·利文斯敦	Mary Livingstone
玛丽·席顿	Mary Seaton
弗朗索瓦	Francis
克莱德河	River Clyde
敦巴顿山	Rock of Dumbarton
布雷斯特	Brest
詹姆斯·梅尔维尔爵士	Sir James Melville
凯瑟琳王后	Queen Catharine
荷里路德宫	palace of Holyrood House

玛丽女王

多芬	Dauphin
多芬那	Dauphiny
斯图尔特	Stewart
杜伊勒里宫	Tuilleries
蒙斯·梅格	Mons Meg
圣安东尼大街	St. Antoine
蒙哥马利	Montgomery
兰斯	Rheims
奥尔良城	Orleans
思罗克莫顿	Throckmorton
加莱	Calais
多佛尔港	Dover
勒阿弗尔	Havre
佛兰德斯	Flanders
荷兰	Holland
北海	German Ocean
利思	Leith
福思河入海口	Frith of Forth
詹姆斯勋爵	Lord James
卡伯里山	Carberry Hill
格兰奇领主	Laird of Grange
列文湖城堡	Castle of Loch Leven
道格拉斯夫人	Lady Douglas
汉密尔顿	Hamilton
林赛	Lindsay
乔治·道格拉斯	George Douglas
威廉·道格拉斯	William Douglas
金罗斯	Kinross
简·肯尼迪	Jane Kennedy
朗塞得	Langside
邓遵南修道院	Dundrennan
卡莱尔城堡	Carlisle Castle
劳瑟	Lowther
萨福克公爵	Duke of Norfolk

附录 专有名词汉英对照

巴宾顿阴谋	Babington's conspiracy
佛泽林盖城堡	Castle of Fotheringay
北安普敦郡	Northamptonshire
埃文河	River Nen, or Avon
安德鲁·梅尔维尔爵士	Sir Andrew Melville
莫里伯爵	Earl of Murray
约翰·诺克斯	John Knox
因弗内斯	Inverness
夏特拉尔	Chatelard
玛格丽特·斯图亚特	Margaret Stuart
伦诺克斯夫人	Lady Lennox
亨利·斯图亚特	Henry Stuart
达恩利勋爵	Lord Darnley
罗伯特·达德利	Robert Dudley
莱斯特伯爵	Earl of Leicester
威姆斯城堡	Wemys Castle
萨伏依	Savoy
鲁斯温	Ruthven
博思韦尔伯爵	Earl of Bothwell
邓巴城堡	Castle of Dunbar
格拉斯哥	Glasgow
勒·克罗克	Kirk of Field
柯克·欧菲尔德	Le Croc
梅尔罗斯	Melrose
博思威克	Borthwick